KB195363

복재 기준의
도학사상과 개혁정치

아 산 인 물 총 서 3

복재 기준의
도학사상과 개혁정치

순천향대학교 아산학연구소 편

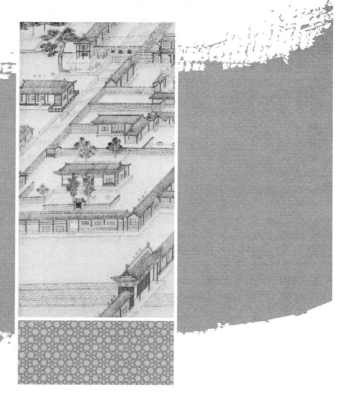

보고사
BOGOSA

　　순천향대학교 아산학연구소에서는 아산지역의 전통가치에 대한 연구와 발굴을 위하여 아산의 중요한 역사적 인물에 대한 연구를 하고 있습니다. 그 일환으로 아산지역 최초의 서원이었던 인산서원 배향인물에 대하여 연구하고 그 성과물을 〈아산인물총서〉 시리즈로 발간하고 있습니다. 만전당 홍가신, 토정 이지함에 이어 이번에 세 번째로 복재 기준을 총서로 발간하게 되었습니다. 총서 발간을 위하여 2024년에 아산학연구소 학술대회 "인산서원 배향인물 재조명: 토정 이지함을 중심으로"를 개최하여 심도 있는 논의를 했습니다.

　　복재 기준은 조광조 등과 함께 기묘팔현 중 한 명으로 일컫는 대표적 사림파 문인입니다. 그는 당대에 이미 조광조에게 버금간다는 평가를 받을 정도로 학문적 성취가 뛰어났던 인물입니다. 그는 조광조와 함께 당시의 사회적 모순을 개혁하기 몸을 사리지 않고 열정적으로 움직인 개혁사상가였습니다. 그는 연산군의 폐정으로 무너진 사회질서를 바로 잡고 요순시대의 정치를 현실에 구현하려고 했던 이상주의적 인물이었습니다.

　복재 기준은 정치적 소용돌이 속에서 1519년에 일어난 기묘사화로 아산으로 유배되었습니다. 27세의 일입니다. 아산에서의 유배기간 동안에 소위 망명 사건이 일어나고 1개월여 만에 온성으로 이배되었습니다. 불과 1개월여에 걸친 짧은 유배기간이었지만 정치적 복권을 기대할 수 없는 상황으로 내몰렸기 때문에 그에게 가장 불행한 시기였다고 할 수 있습니다. 그는 1521년 신사무옥에 연루되어 결국 유배지에서 교살되었고 정치적 이상을 실현할 기회를 끝내 가지지 못했습니다. 이런 인연으로 복재 기준은 인산서원에 배향되었습니다.

　왕과 권신의 앞에서도 당당하게 정도를 말하고 소신을 굽히지 않았던 젊은 이상론자는 오늘날 우리 사회에 필요한 인간상입니다. 이 책은 복재 기준의 도학사상과 개혁정치를 조명함으로써 그의 사상이 가진 역사적 의미와 현대적 가치를 탐구하고자 합니다. 기준의 사상을 통해 조선시대의 사회문제를 해결하려는 그의 노력을 이해하는 동시에 그것이 오늘날 우리에게 어떤 시사점을 제공하는지 고민하고자 합니다. 이 책이 독자들에게 그의 사상을 통해 새로운 사회적 비전을 모색할 수 있는 기회가 되기를 바랍니다.

　또한 아산 유림의 추앙을 받아 배향된 인물 중 송파 이덕민은 현존하는 자료가 많지 않고 학문적 연구 성과가 미미하여 따로 보론에서 언급하였습니다. 아산 지역에서 활동한 초기 사림으로 중요한 인물인 이덕민에 대한 연구도 앞으로 진행되기를 기대합니다.

　　본 총서가 나오기까지 연구비를 지원해 주신 아산시와 관계자분들에게 진심으로 감사드립니다. 출판까지 빠듯한 시간임에도 원고를 완성해 주신 저자들께 충심으로 감사의 말씀을 드립니다. 또한 학술대회 및 출판 과정의 업무를 충실하게 해 주신 출판사 담당자와 아산학연구소 구성원 여러분께도 감사를 전합니다.

2024년 12월
아산학연구소 소장 박동성

/ 제 2 부 / 복재 기준의 도학사상과 문학

/ 보론 /

제 1 부
복재 기준의 삶과 개혁정치

복재(服齋) 기준(奇遵)의 정치개혁활동과 인산서원 추배과정

김일환

1. 머리말

복재(服齋) 기준(奇遵, 1492~1521)은 조선 중종대 개혁사상가로 조광조(趙光祖)와 함께 도학정치(道學政治)의 꿈을 펼치며 정치개혁을 선도하던 대표적인 사림파 인물이다. 그는 종종반정이후 관직에 진출하는 동료 사림(士林)세력과 함께 성리학적 질서가 지배하는 이상적 사회론을 기반으로 한 지치주의(至治主義)의 실현을 자신의 정치적 목표로 하였다. 당시 조광조를 위시한 사림세력은 과거를 통해 관직에 등장한 후 주로 청요직인 삼사(三司)에 등용되어 홍문관, 사헌부, 사간원의 관리로 진출하였다. 이러한 사림세력은 경연과 언론활동을 통해 국왕과 직접적으로 대면하면서 자신들의 도학적 이상론을 활발히 전개하였다. 그 중심에 기준이 있었다.

기준이 아산(牙山)과 인연을 맺은 것은 기묘사화(己卯士禍)로 인해 피화(被禍)되어 아산이 그의 첫 유배지가 됨으로 비롯되었다. 그의 일생 중 가장 불행한 시기였던 아산의 유배기는 그가 곧 온성(穩城)으로 이배(移配)될 때까지 불과 1달여 정도에 걸치는 짧은 시간이었다. 그러나 아산이 그의 생애에서 지울 수 없는 장소가 된 것은 그의 삶이 짧게 마감하는데 결정적인 단초가 된 소위 망명사건이 이곳에서 일어났기 때문이다. 이런 이유로 그의 정치적 복권은 기대할 수 없게 되었고 결국 죽음으로 생을 마감하게 되었던 것이다. 이러한 인연으로 1668년 그는 아산에 있는 인산서원(仁山書院)에 배향되었고 아산의 역사 속에 중요한 인물로 자리잡게 되었다.

현재 학계에서 이루어낸 기준에 대한 연구 성과는 많지 않다. 그의 시(詩)에 대한 문학적 연구가 여러 편이 있고, 그의 사상에 대한 철학적 연구가 3편이 있다. 역사적 측면에서 그에 대한 연구는 중종대 사림파 연구의 일부로만 다루어져 왔고 본격적인 연구는 2편 정도이다.[1] 본 연구는 그간의 연구 성과를 토대로 하면서 조선 중종

---

1 梁大淵,「奇服齋와 名物思想」,『성균관대 논문집』6, 1961. ; 金基鉉,「服齋 奇遵의 도학사상」,『민족문화』5, 한성대 민족문화연구소, 1991. ; 金鍾振,「服齋 奇遵의 詩에 대한 考察」,『향토문화연구』4, 원광대 향토문화연구소, 1987. ; 김일환,「중종 때의 개혁정치가 복재 기준」,『아산 유학의 여러 모습』, 지영사, 2010. ; 손유경,「服齋 奇遵의 유배기 작품에 관한 일고찰」,『한문교육논집』34, 한국한문교육학회, 2010. ; 유진희,「服齋 奇遵의 紀行詩 硏究」,『韓國漢文學硏究』75, 한국한문학회, 2019. ; 남현희,「服齋 奇遵의 六十銘 창작 의도와 구성」,『한문학보』41, 우리한문학회, 2019. ; 여운필,「服齋 奇遵의 詩世界」,『한국한시작가연구』4, 1999, 태학사. ; 한미현,「服齋 奇遵의 文學 硏究」, 충남대학교 박사학위논문, 2018. ; 남현희,「服齋 奇遵의「六十銘」에 대한 연구」,

대 사림파의 대표적 인물인 기준의 극적인 삶을 통해 그가 추구했
던 정치개혁과 좌절, 죽음에 이르는 과정 등 그의 치열했던 삶과 함
께 그의 사후에 아산의 인산서원에 추향되는 과정까지를 정리해 보
았다.

2. 복재 기준의 가문적 배경

기준은 1492년(성종 23) 2월 23일에 서울의 청파동(靑坡洞) 만리
현(萬里峴) 구제(舊第)에서 태어났다. 그는 본관이 행주(幸州)이며 자
를 자경(自敬), 호를 덕양(德陽) 혹은 복재(服齋)라고 한다. 『행주기
씨대동보(幸州奇氏大同譜)』를 보면 행주 기씨는 고려 인종(仁宗)때 문
하평장사를 지낸 기순우(奇純祐)를 시조로 하였다. 이후 3세 기윤숙
(奇允肅), 기필선(奇弼善)에서 갈라져 기윤숙의 가계는 손자 기관(奇
琯) → 기자오(奇子敖) → 기식(奇軾), 기철(奇轍), 원나라 순재(順帝)의
황후인 기황후 남매로 연결된다. 이들은 고려시대 몽골 간섭기에 대
표적인 친원 세력으로 고려 말 최고의 벌열 가문을 형성하였지만
공민왕의 반원정책으로 몰락하였다. 그러나 기준의 집안은 기필선
의 혈통으로 기필선의 손자 기절(奇節) → 기효순(奇孝順) → 기현(奇

성균관대학교 박사학위논문, 2021. ; 박학래, 「복재(服齋) 기준(奇遵)의 도학
사상과 그 실천」, 『온지논총』 80, 온지학회, 2024. ; 송웅섭, 「服齋 奇遵의 정치
활동과 己卯八賢으로서의 위상」, 『白山學報』 129, 백산학회, 2024.

顯)으로 연결되는 가계였다. 7세인 기현은 고려 말 공민왕 때 권신이던 신돈(辛旽)과 같은 당으로 신돈의 집권 기간에는 정치적 세력을 크게 떨쳤다. 하지만 그 이유로 신돈이 몰락할 때 아들 기중평(奇仲平), 기중수(奇仲脩)와 함께 죽임을 당하였고[2] 이를 계기로 기준의 가계(家系)도 정치적으로 몰락하게 되었다.

　기씨 문중이 다시 정치적으로 부활하는 것은 조선왕조가 창건된 이후였다. 기중평의 자(子)인 9세 기면(奇勉)이 신왕조에 출사함을 계기로 가문이 다시 일어설 기반을 확보할 수 있었다. 기준의 고조부인 기면은『조선왕조실록』속에는 그 이름이 나타나지 않지만 조선 국초에 공조전서(工曹典書)를 역임하였다 한다.[3] 그런데 사실 기씨 문중을 크게 일으킨 인물은 기준의 증조인 10세 기건(奇虔)이었다.[4] 기건은 학행으로 이름이 나서 세종 때에 효렴(孝廉)으로 발탁되어 사헌부 집의, 제주목사, 첨지중추원사, 병조참의, 형조참의, 이조참의, 전라도 도관찰사겸 전주부윤, 호조참판을 두루 역임하였다. 세종의 사후에는 부고청시사행(訃告請諡使行)의 부사(副使)로 선발되어 정사인 이선(李渲)과 함께 명나라를 다녀왔다.[5] 이후 호조참판, 의금부 제조(提調)를 지내고 외직에 나아가 함길도 관찰사, 개성부유수를 역임하였다. 단종대에 이르면 사헌부 대사헌, 인순부윤

2　『고려사』권43 세가 43 공민왕6 신해 20년 7월 병진, 병자.
3　奇大升,『高峯集』권3, 行狀, 資憲大夫 漢城府判尹 奇公行狀.
4　기건은 원래 근거지가 松都였다. 하지만 그가 조선조에 出仕하면서부터 한양으로 주거지를 옮긴 것 같다.(『輿地圖書』補遺篇 松都誌 권6 名宦)
5　『문종실록』권1, 문종 즉위년 2월 26일(경자).

(仁順府尹)을 역임하고 다시 외직에 나아가 평안도 관찰사가 되었
다. 세조대에는 원종공신이 되었으며 판한성부사를 역임하고 세조
3년에 중추원사로 있으며 사은사부사로 재차 명나라에 다녀왔고
이후 1460년(세조 6)에 사망하였다. 그는 성품이 맑고 검소하고 글
읽기를 좋아했다고 한다. 일찍이 연안 군수(延安郡守)가 되었을 때,
군민이 진상하는 붕어 잡이의 고충을 생각하고 부임 3년 동안 한
번도 먹지 않았고, 제주목사로 나가서 주민이 전복 따기에 괴로워
하는 것을 보고 전복을 먹지 않았다고 한다.[6] 이와 같이 증조 기건
의 오랜 사환과 고위 관직의 역임을 계기로 기준의 가문은 신왕조
에 들어와 중앙에 확고한 입지를 세우고 정치적 기반을 확보하게
되었던 것이다.

　기준의 조부인 기축(奇軸)은 문음으로 출사하여 사헌부 감찰, 풍
저창 부사를 역임하고 세조대에 원종공신이 되었다.[7] 기축의 장자
기유(奇裕)는 음서로 입사하여 평안도 도사(都事)를 지냈다. 차자인
기찬(奇禶)[8]은 바로 기준의 부친으로 생원시에 합격한 후 문과로 출
신하여 이조정랑과 홍문관 부응교를 지냈다. 기찬의 초취부인은 파
평 윤씨로 첨추 윤준원(尹俊元)의 딸인데 아들 2명을 낳고 일찍 타계
하였다. 재취부인인 안동 김씨는 풍저창 직장 김수형(金壽亨)의 딸

6　『세조실록』 권22, 세조 6년 12월 29일(신축). 전라남도 장성의 秋山書院에 제향
　되었고 시호는 貞武이다.
7　『세조실록』 권2 세조 1년 12월 27일(무진). 기축은 1464년(세조 10) 3월 9일에
　사망하였다.
8　기찬은 1474년(성종 5)에 식년시 을과3위(6/33)로 과거에 급제하였다.

〈표 1〉 기준 가문의 세계표

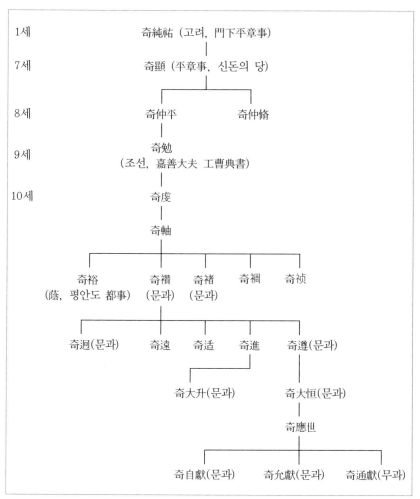

출전: 『幸州奇氏大同譜』, 2004

로 3남 1녀를 낳았으며 기준은 안동김씨의 소생이다. 외조부 김수
형은 세조대의 권신이면서 정국공신인 좌의정 권람(權擥)의 사위이
며 남이(南怡)와는 동서지간이 된다. 그는 나중에 장예원(掌隸院) 사

의(司議)를 지내기도 하였다. 김수형의 딸 중에 하나는 사산감역관
(四山監役官) 정세명(丁世明)에게 시집가서 사림파 인물인 정환(丁煥)
과 정황(丁熿)을 낳았다.[9]

기준의 부친 기찬은 기준이 태어난 지 불과 4개월 만인 1492년
6월 16일에 사망하였다. 기준은 위로 4명의 형이 있는 5형제의 막
내였다. 이중 첫째 기형(奇逈)[10]은 기준보다 2년 늦게 문과에 합격하
여 권지정자와 주서를 지내다가 무장현감으로 외직에 나갔다. 기묘
사화 후 종5품을 거치지 않고 정랑(正郞)에 승진하였으며[11] 1524년
(중종 19) 사헌부 지평을 마지막으로 관직을 떠났다.[12] 둘째 기원(奇
遠)은 기묘사화로 동생 기준이 피화(被禍)되는 것을 보고 사환(仕宦)
에 뜻을 버리고 전라도 장성으로 옮겨가서 살았다. 셋째 기괄(奇适)
은 문사(文辭)가 뛰어나 동생 기준과 더불어 수창(酬唱)한 시가 기준
의 문집인『덕양유고(德陽遺稿)』에 있지만 기묘사화 후 동생을 구하
려고 노력하다가 여의치 않자 숨어 지내며 벼슬길에 나가지 않았다
한다. 넷째 기진(奇進, 1487~1555)은 아우 기준과 함께 도학으로 세
상에 이름이 났고,[13] 1522년(중종 17) 사마시에 합격하여 잠깐 경기

9   金安國,『慕齋集』권13, 故都正丁君墓碣銘. 丁煥과 丁熿은 이종사촌인 기준과
    함께 조광조의 문인이다.(『靜菴先生續集』附錄 권5 門生錄)
10 奇逈은 1501년(연산군 7)에 생원2등 21위(26/100), 진사 3등19위(49/100)로 합
    격하고 1516년(중종 11) 식년시에 병과 12위(22/33)로 급제하였다. 奇逈의 사마
    시 동년으로 주목되는 사림파 인물은 金安國, 成世昌, 柳沃, 金湜, 朴壕 등이
    있다. 그러나 문과급제는 많이 늦어 동년으로 梁彭孫, 尹衢, 尹漑 등이 확인된다.
11 『중종실록』권47 중종 18년 2월 25일(병신).
12 『중종실록』권52 중종 19년 10월 26일(정사).
13 『선조수정실록』권6 선조 5년 10월 1일(갑인) 기대승의 졸기.

전(慶基殿) 참봉을 지냈으나 그만두고 전라도 광주 고룡리(古龍里)에 은둔하였다.[14] 그의 학문은 아들인 선조대에 유림의 종장이자 거유 (巨儒)이던 성리학자 기대승(奇大升)으로 계승되었다.

기준이 죽은 후 그의 아들인 기대항(奇大恒)은 1546년(명종 1)에 식년문과 을과로 급제하였다. 부친에 대한 사림의 중망이 높아 그 덕분으로 청환직을 역임하였다. 1561년 대사간, 1563년 부제학을 역임하고 대사헌, 이조참판을 거쳐 1564년 공조참판, 한성부판윤으로 발탁되었다. 기준의 증손자인 기자헌(奇自獻)은 1590년에 문과에 급제하고 영의정을 역임하였다. 위에서 보듯이 기준의 집안은 고조 부터 조선조에 들어와 사환을 하였지만 기준대(奇遵代) 이전에 정치적으로 벌열가문에 들어간다고는 볼 수 없고 꾸준히 사환이 이루어진 보통의 사족 가문이었음을 알 수 있다.

그러나 반대로 기준의 처가는 공신 가문으로 처부(妻父)는 중종반정에 공을 세워 정국공신 3등으로 책봉되고 우찬성을 역임한 윤금손(尹金孫)이었다.[15] 윤금손의 종제인 윤세호(尹世豪)도 정국공신이

---

14 1522년(중종 17년)에 식년시 진사3등 32위(62/100)로 합격하였다.

15 이병휴, 『조선전기 기호사림파연구』, 일조각, 1984, 69~70쪽. 윤금손(1458년 (세조 4)~1547년(명종 2))은 본관은 坡平. 자는 引止. 호는 西坡이며 尹太山의 증손으로, 할아버지는 尹岑이고, 아버지는 仁壽府副正 尹之崗이다. 1491년(성 종 22) 진사로서 별시 문과에 병과로 급제하였다. 1497년(연산군 3) 홍문관부교 리에 제수되고, 1501년(연산군 7) 舍人에 승직하였다. 1503년(연산군 9) 執義에 제수되고, 연산군의 후궁인 淑儀 閔氏의 외숙임으로 인해 특별히 정3품 통정대 부에 오르면서, 홍문관부제학에 제수되었다. 그 뒤 다시 종2품 가선대부에 오르 면서 永興都護府使로 파견되었다. 1405년(연산군 11) 지중추부사로서 賀登極副 使가 되어 명나라를 다녀왔다. 1506년(중종 1) 경기도관찰사로 파견되고, 곧

었다. 하지만 기준보다 4살 위인 처남 윤자임(尹自任)은 기준과 평생의 지우이며 개혁적 사림파의 중심인물이었다.[16] 윤자임은 기준보다 1년 먼저 1513년(중종 8) 별시에 합격하였고, 그 뒤 홍문관 박사·정언·부수찬·교리·지평·장령·집의 등 삼사의 청요직을 두루 역임하였다. 1519년 의주목사·직제학·우부승지를 거쳐 좌승지로 있을 때 조광조의 일파로 몰려 온양(溫陽)으로 중도 부처되었고 기준이 온성으로 유배될 때 그도 북청(北靑)으로 이배(移配)되었다가 배소에서 생을 마감하였다. 한편 기준의 동서인 황효헌(黃孝獻, 1491~1532)[17]은 기준과 함께 문과 동방(同榜)인데 영의정 황희(黃喜)의 현

___

정국공신 3등에 녹훈되면서 坡城君에 봉군되었다. 1508년(중종 3) 정2품 자헌대부에 오르면서 공조판서에 발탁되고, 이후 1523년(중종 18)까지 형조판서, 의정부좌참찬과 우참찬, 경상도관찰사·공조판서, 대사헌, 함길도관찰사·평안도관찰사 등을 두루 지냈다. 1519년(중종 14) 조광조 일파의 僞勳削除때 공신호를 박탈당했다가, 조광조 일파가 몰락하자 복구되었다. 1524년(중종 19) 봉군되고 1526년(중종 21) 致仕를 청했으나 허락을 받지 못하고 계속 관직생활을 하였다. 1533년(중종 38) 종1품 숭정대부에 승자하면서 우찬성에 제수되고, 곧 耆老所에 들어갔다. 1547년(명종 2) 종1품 숭록대부에 올랐다가 사망하였다.

16 윤자임(1488년(성종 19)~1519년(중종 14))은 坡城君 윤금손의 아들로 1513년(중종 8) 생원으로 별시문과에 3등으로 급제하였다. 1518년 사간으로『性理大全』을 進講할 수 있는 26인 가운데 한 사람으로 뽑힐 정도로 성리학에 조예가 깊었다. 이어 昭格署의 혁파에 대하여 정계와 사림이 팽팽하게 대립하고 있을 때, 사림을 모함하는 「矢幹係書」에 趙光祖·金淨 등과 함께 그의 이름이 열거되기도 하였다. 또, 향약의 보급, 賢良科실시, 僞勳삭제 등 삼사를 중심으로 한 사림의 입장을 실천시키는 데 핵심인물로 활약하였다. 그는『尙書』無逸篇을 진강하는 등 학식이 뛰어났고, 무예도 겸비하였기 때문에 기묘사화를 일으켰던 洪景舟·南袞 등에 의하여 일차적인 제거대상이 되기도 하였다. 1538년(중종 33) 기묘사림이 다시 서용되면서 신원되어 직첩이 환급되었고, 1746년(영조 22)에 증직·贈諡가 이루어졌다.

17 황효헌은 영의정 黃喜의 현손이며, 부사 黃瓘의 아들이다. 중종의 母后인 貞顯

손이다. 황효헌은 기묘사화 때 외직에 나가 있어 죽음을 면했지만 기준과 함께 중종대 사림파의 중요 인물이었다. 위와 같이 기준의 가문적 배경을 살펴보면 기준의 집안은 훈구적 특성을 가지지도 않았지만 반면에 사림세력으로 입지를 갖춘 특별한 가문적 배경도 찾아지지 않는다는 사실이다. 그러므로 그의 사림적 특성은 학문적 배경을 통해 찾을 수밖에 없다.

3. 수학과정과 학문적 배경

기준은 7세부터 소학(小學)을 공부하였다. 그러나 당시에는 무오사화의 여파가 여전히 남아 소학풍이 되살아나지 못한 상황이어서 그 자신도 소학의 의미를 잘 몰랐다고 고백한 적이 있다.[18] 그는 점차 성장하면서 학문에 깊은 뜻을 두고 발분망식하면서 공부에 열중하였다한다. 기준은 17세인 1508년(중종 3)부터 성리학 공부에 전심(專心)으로 몰두하였다. 그 계기는 당시 명망이 높아가던 조광조를

王后의 7촌조카이고 정국공신 4등이며 정난공신 3등인 黃孟獻의 동생이다. 진사로서 1514년(중종 9) 별시문과 을과로 급제하여 이듬해 홍문관정자가 되어 사가독서한 뒤 홍문관직제학·동부승지 등을 지냈다. 1526년 강원도관찰사를 거쳐, 이듬해 대사성과 황해도관찰사, 1528년 이조참의, 그리고 이조참판에 올랐고 1530년 李荇 등과 함께 『新增東國輿地勝覽』의 편찬에 참여하였다. 1532년 안동부사로 나갔다가 죽었다. 상주 玉洞書院에 제향되었다.

18 『중종실록』 권29 중종 12년 8월 27일(경오).

만나 서로 종유(從遊)한 것이 결정적 이유가 되었다고 짐작된다.[19] 처음 조광조와 기준이 어떻게 만났는지는 상세히 알 수 없지만, 함께 서울에 거주한다는 지리적, 공간적 동일성으로 인해 양인이 학문적으로 교류할 기회가 있었던 듯하다. 기준은 훗날 회고하기를 조광조와 뜻이 같아 젊은 날부터 교류하였다고 하였다. 뜻이 같다는 것은 학문적 입장과 이상(理想)이 같다는 것을 말한다. 따라서 이때부터 기준이 조광조와 가까이 종유하면서 도학풍에 대한 이해를 넓혀 갔음을 짐작할 수 있다.

두 사람간의 학문적 교류를 더욱 두텁게 만든 계기는 1510년(중종 5) 조광조가 진사 회시에 장원한 후 여름부터 가을까지 개성의 천마산(天磨山), 성거산(聖居山)을 유람하며 독서할 때였다. 기준도 조광조를 따라 사찰에 기거하면서 각고의 노력으로 성리학 공부에 몰입하였다.[20] 이후 기준이 문과에 급제할 때까지 조광조와 학문적 교류는 계속되었다. 이렇게 깊어진 조광조와 관계는 기준의 학문 성향을 성리학풍으로 바꾸어 놓았고, 사환 후에는 두 사람으로 하여금 사림파로서 개혁 정치에 의기투합하여 평생의 정치적 동지가 되는 인간적 유대를 형성하였다고 짐작된다.

---

19 기준이 조광조의 門人인가 아닌가는 논란이 되는데 『정암집』의 문인록에는 기준이 문인으로 등재되어 있다. 그러나 두 사람이 從遊했다는 사실에서 사제간이기 보다는 학문적 교류를 이어간 師友로 해석하는 것이 타당하다는 견해도 있다.(金基鉉, 服齋 奇遵의 도학사상, 『민족문화』 5, 한성대 민족문화연구소, 1991. 283-284쪽)

20 『服齋先生文集』附錄 권2 行狀, 『靜菴集』 年表; 『중종실록』 권37, 중종 14년 11월 16일(병오)

조광조와 교류하는 동안 기준의 성리학에 대한 이해 정도가 어느 정도 성숙되었는지는 구체적으로 알 수 없다. 그러나 이후 그의 독서 편력을 보면 『성리대전(性理大全)』, 『대학(大學)』, 『대학연의(大學衍義)』, 『근사록(近思錄)』과 『예기(禮記)』 등의 성리학 기본서가 망라되어 있음을 보아 성리 서적을 깊이 연구한 듯하다. 이러한 성리학에 대한 탐구 노력은 사환 이후에도 지속되어 당시로서는 난해한 『성리대전』을 강할 사람으로 선발될 정도로 성리학에 대한 조예가 깊었고[21] 실제로 경연에서 『성리대전』[22]뿐 아니라 『대학』,[23] 『대학연의』,[24] 『근사록』,[25] 『예기』[26] 등 성리학의 핵심 서적들을 강(講)하였다. 이런 까닭에 기준은 '금(金)처럼 쟁쟁하고 옥처럼 윤택하여 염락(濂洛)의 학문에 깊다'고 평가될 정도로 사림계의 명망이 높았고, 성리학에 대한 이해가 깊어 당시 사람들이 정응(鄭應)과 함께 쌍벽이라고 지목하기도 하였다.[27]

---

21 『중종실록』 권26, 중종 11년 10월 8일(병진) ; 『중종실록』 권26, 중종 11년 10월 13일(신유) ; 『중종실록』 권34, 중종 13년 11월 6일(임인) ; 『중종실록』 권36, 중종 14년 5월 17일(기유).
22 『중종실록』 권36, 중종 14년 6월 20일(임오).
23 『중종실록』 권24, 중종 11년 4월 13일(갑자).
24 『중종실록』 권26, 중종 11년 10월 8일(병진) ; 『중종실록』 권26, 중종 11년 11월 13일(경인).
25 『중종실록』 권36, 중종 14년 7월 2일(계사) ; 『중종실록』 권36, 중종 14년 9월 28일(기미). 기준이 1519년 4월 11일 친구인 구례현감 안처순에게 보내는 편지에서 『近思錄』을 거의 다 읽어 기쁘다는 내용을 전하고 있는 사실을 보아 성리서적을 항상 탐독했음을 알 수 있다.(『德陽遺稿補遺』, 答安順之書)
26 『중종실록』 권23, 중종 10년 10월 23일(병자) ; 『중종실록』 권26, 중종 11년 11월 2일(기묘) ; 『중종실록』 권26, 중종 11년 11월 7일(갑신).

한편 기준은 문학적 재질도 뛰어나 국왕 앞에서 작시(作詩)로 장원하고 녹비(鹿皮)를 하사받을 정도로 탁월한 문재(文才)를 가지고 있었다.[28] 그의 문학적 재질의 탁월함은 그의 문집인 『덕양유고(德陽遺稿)』 속에 수록된 수많은 시문(詩文)이 이를 증명한다. 이런 이유로 기준은 그의 홍문관 동료 중에서 가장 젊었으나 문학적 재질이 넉넉하여 그 명성이 조광조에 버금갈 정도로 사림의 중망(重望)이 있었다.[29] 하지만 이렇게 문학적 감성이 풍부하면서도 기준은 현실정치에 대하여는 과격하다고 할 정도로 강직한 면을 보였다. 그는 늘상 강개(慷慨)하여 일을 논하면 고려하는 바가 없고 늘 국왕인 중종 앞에서 언론을 격렬하게 펴서 사람들의 귀를 용동(聳動)시켰기 때문에 대신들은 이런 기준의 성격을 미워하였다고 한다.[30]

4. 기준의 사환과 정치개혁활동

1) 기준의 관직 생활

기준은 21세인 1513년(중종 8)에 사마시인 생원, 진사 양시를 모두 합격하고[31] 그 이듬해인 1514년(중종 9) 9월 18일에 22세의 나이

---

27 『중종실록』 권36, 중종 14년 7월 16일(정미).

28 『중종실록』 권26, 중종 11년 11월 15일(임진).

29 『명종실록』 권23, 명종 12년 10월 19일(무술).

30 『중종실록』 권30, 중종 12년 10월 30일(임신).

로 별시(別試)를 통해 문과 대과에 급제하였다.[32] 이때 동년(同年)으로 합격한 인물 중에 주목되는 사림파 인사는 박세희(朴世熹), 정응(鄭䧹), 황효헌(黃孝獻), 이약빙(李若氷), 이언적(李彦迪), 안처순(安處順) 등이 있다. 기준이 사환을 시작하던 1513년(중종 8)은 중종반정을 주도했던 훈구대신들이 자연적인 수명을 다하고 점차 퇴조하던 시기이며, 남은 훈구세력을 견제하면서 국왕의 위상을 높이려고 중종이 새로이 사림세력을 활발히 관직에 등용시키던 때였다.[33] 이렇게 등용된 사림세력은 연산군의 폐정이래 누적된 정치, 사회문제를 개혁할 호기로 생각하고 사헌부와 사간원을 통해 언론 활동을 활발히 하는 한편 홍문관에서 개혁론을 입안하고, 이를 경연을 통해 펼쳐 나갔다.[34]

기준은 관직에 나가면서 동서인 황효헌과 함께 문한직인 권지 승문원 부정자(종9품)로 초임(初任)되었다.[35] 이듬해인 1515년(중종 10) 3월 27일 두 사람은 모두 홍문관 정자(正字)로 임용될 예정이었다. 하지만 처남인 윤자임(尹自任)이 이미 3월 17일 홍문관 박사가 되었기에 한집안에서 홍문관 관리 3명을 차지할 수 없다는 이조판서 박열(朴說)의 반대로 인해 기준은 탈락되었다. 그것은 홍문관 정자가

---

31 기준은 생원시 일등 5위, 진사시 2등 7위로 합격하였다.
32 기준은 對策으로 병과 5위의 성적으로 합격하였다. 이때 장원급제자는 朴世熹였다.(『중종실록』 권20 중종 9년 9월 18일(정축))
33 권연웅, 「조선 중종대의 經筵」, 『吉玄益教授停年紀念史學論叢』, 1996, 495쪽.
34 이병휴, 「조선전기 사림파의 실체와 성격」, 『조선시대사학보』 39, 218쪽.
35 『중종실록』 권21, 중종 10년 3월 27일(갑신).

춘추관 기사관을 겸하기 때문에 상피해야 한다는 논리였다. 하지만
두 달 후인 5월 12일에 결국 홍문관 정자로 임명되었다.[36] 이때부터
기준은 기묘사화가 일어나 관직에서 파출될 때 까지 사헌부 장령으
로 재임한 2개월 반의 짧은 기간을 빼고 대부분의 관직생활을 홍문
관 관리로 벼슬하면서 학문을 연구하는 한편 경연관을 겸직하였다.
그런 가운데 기준은 김안로, 김정, 소세양, 유옥, 유돈, 정사룡, 신
광한, 표빙, 박세희, 김구, 윤계, 황효헌, 정응, 손수, 유성춘과 함
께 사가독서를 명받기도 하였다.[37] 이후 기준은 고속으로 승진하여
곧 홍문관 박사가 되고[38] 다시 홍문관 부수찬이 되었다.[39] 그 후 홍문
관 수찬, 홍문관 부교리에 임용되고, 한 자급을 뛰어 넘어 홍문관
부응교로 승진하였다. 다음에 사헌부 장령으로 잠시 이직하였다가
홍문관 직제학과 홍문관 응교를 차례로 역임하였다.

중종대 홍문관은 성종대와 마찬가지로 학문연구기관의 역할 뿐
아니라 경연을 통한 언론 활동이 더 큰 의미를 가진다. 기준은 5년
여에 걸친 길지 않은 사환기 동안 거의 대부분을 홍문관에서 재직하
면서 경연관을 겸직하였다. 이런 이유로 하위직에 있을 때부터 다른
홍문관 관리들과 함께 경연을 통해 자신의 정치적 견해를 활발히

---

36 『중종실록』 권22 중종 10년 5월 12일(무술).
37 『중종실록』 권22 중종 10년 5월 5일(신묘). 하지만 사헌부에서 선발인원을 줄여
   학문에 전심하게 하자하여(『중종실록』 권22 중종 10년 5월 10일(병신)) 蘇世讓,
   鄭士龍, 申光漢, 朴世熹, 金絿, 黃孝獻, 鄭䧺 등 7인만 최종 선발되었다.(『중종
   실록』 권22, 중종 10년 5월 22일(병오))
38 『중종실록』 권27, 중종 12년 4월 3일(무신).
39 『중종실록』 권27, 중종 12년 4월 7일(임자).

〈표 2〉 기준이 역임한 관직의 변천 내역

나이	직책	임명일	비고
24세	권지 승문원 부정자	임용일은 불명	전거:『중종실록』 10년 3월 27일
24세	홍문관 정자	중종 10년 5월 12일	
25세	홍문관 저작	임용일은 불명	전거:『중종실록』 11년 3월 10일
25세	천문이습관	중종 11년 11월 7일	
25세	홍문관 박사	중종 11년 8월 26일/중종 12년 1월 19일, 4월 3일	
26세	홍문관 부수찬	중종 12년 4월 7일	
26세	홍문관 수찬	중종 12년 윤12월 13일	전거:『중종실록』 12년 10월 30일(수찬)
27세	홍문관 부교리	중종 13년 3월 3일	
27세	홍문관 부응교	중종 13년 10월 3일/11월 11일·17일	
28세	사헌부 장령	중종 14년 4월 17일/4월 28일	
28세	의정부 檢詳	중종 14년 2월 24일 중종 14년 7월 13일	종종 14년 2월 24일에 나오는 검상직은 史臣의 史評 속에 언급되고 있어 당일이 임용일인지는 불분명함
28세	홍문관 직제학	중종 14년 7월 13일	
28세	홍문관 응교	중종 14년 7월 18일	

주장하였고 사림세력의 정치, 사회개혁론을 적극적으로 펼치는 언론 활동을 주도하였다. 연산군의 폐정을 개혁한다는 의미에서 중종대 이르러 경연(經筵)은 정책토론장으로서 그 중요성이 커졌으며 그 토론의 주제는 성리학적 학문 기반을 갖춘 신진 사림세력들이 주도하고 있었다. 사림세력은 경연을 자신들의 도학정치론을 펼치는 강론장으로 삼으며 지치주의의 이상과 실천을 국왕인 중종에게 끊임

없이 강조하였다.

　이 무렵 홍문관은 사림파 개혁 정치의 산실이었다. 이들의 개혁적
주장은 대부분 경연을 통해 국왕께 진달되었고 젊은 사림파 관료들
의 개혁주장은 이 자리를 통해 펼쳐졌던 것이다. 홍문관의 젊은 관리
중에 경연에서 가장 활발하게 개혁주장을 펼친 인물이 기준이었다.
기준은 홍문관의 하급 관리 때에는 다른 홍문관 관리들과 공동으로
정치개혁을 주장하였지만 점차 직급이 높아지면서는 독자적인 건의
와 주장을 적극적으로 피력하였다. 당시 기준과 같은 젊은 사림파
관리들은 연산군의 폐정으로 무너진 사회 기강을 바로잡고 국초부터
내려오던 사회적 불합리를 일소하여 성리학적 사회질서를 실현시키
려 하였다. 마침 국왕인 중종이 사림세력을 등용하고 지치주의적 개
혁을 지지하는 것으로 판단한 사림세력을 이것이 도학 정치의 이상
을 실현할 수 있는 천재일우(千載一遇)의 기회라고 생각하였다.[40]

<표 3> 기준의 경연관 경력

직책	임명일
典經	중종 10년 8월 23일
說經	중종 11월 3일 13일
司經	중종 11년 10월 13일
檢討官	중종 12년 7월 27일
侍講官	중종 13년 3월 26일
侍讀官	중종 13년 4월 18일
侍講官	중종 13년 12월 3일

---

40 『중종실록』 권36, 중종 14년 9월 28일(기미).

기준은 경연관으로 능력을 크게 발휘하였다. 홍문관 관직이 승진
함에 따라 경연관의 지위도 따라 올라 기준은 전경(典經)(중종 10년
8.23~11년 4.18), 설경(說經)(중종 11년 4.13~10.22), 사경(司經)(중종 11
년 10.13~12년 4.4), 검토관(檢討官)(중종 12년 7.28~13년 2.28), 시독관
(侍讀官)(중종 13년 4.18~5.19), 시강관(侍講官)(중종 13년 12.3~14년 9.
28)을 차례로 역임하며 사림과 동료들과 함께 활발하게 개혁 정치를
논하였던 것이다.

이러한 경연관으로서 기준의 능력은 중종도 인정하여 그를 순차
를 뛰어넘어 탁용(擢用)하려고 하였다. 실례로 1519년(중종 14) 7월
일시적으로 의정부 검상(檢詳)을 임명하자 대간들이 기준은 경연관
으로서 능력이 더 중요하다고 하여 철회된 적이 있다.[41] 이때 중종은
바로 기준을 자급을 뛰어 넘어 공석이던 홍문관 직제학으로 탁용하
였다. 이때 이조판서 신상은 기준이 인물의 국량은 임명할 만하지만
너무 젊고 경력이 짧아 승직이 너무 빠르다고 반대하였다. 그러나
중종은 의지를 꺾지 않고 기준을 홍문관 직제학으로 제수하였다.[42]

이렇게 자급을 뛰어넘어 이루어진 승진은 대간들 사이에 논란의
대상이 되었다. 대간들은 기준이 재기(才氣)는 합당하지만 벼슬한
지 오래지 않았고 나이도 30세가 넘지 않아 부제학에 임명하기에는
너무 젊다고 반대하였다.[43] 논란이 커지자 대사헌 조광조가 중재에

---

41 『중종실록』 권36, 중종 14년 7월 13일(갑진).
42 『중종실록』 권36, 중종 14년 7월 13일(갑진).
43 『중종실록』 권36, 중종 14년 7월 14일(을사).

나서 기준이 인재이므로 발탁해 쓸 수는 있으나 너무 나이가 젊어 도(道)가 이루어지고 덕(德)이 세워진 다음 큰 자리에 나가야 한다고 대간의 주장에 동의하며 임용논의를 취소할 것을 요청하였다. 이에 중종도 물러서서 기준을 홍문관 응교로 낮추어 재임명하는 것으로 결론지었다.[44] 이후 기묘사화가 일어날 때까지 홍문관 응교를 마지막 관직으로 재임하였다.

2) 기준의 개혁적인 정치활동

(1) 유교적 통치 질서의 재정립

ㄱ. 현철군주론

기준은 왕은 학문(學問)으로 정치의 근본을 삼아야 한다고 하였다.[45] 심학(心學)을 바로잡고 인재를 변별하고 언로를 개방해야 하는데 이때 성리서인『근사록(近思錄)』이 학문의 길잡이로서 지극히 요약하게 되어 있으니, 여기에 공력을 들여 존양(存養)하고 성찰(省察)하여 먼저 마음 다스리는 요법을 알아야 자연히 날로 고명해져 온갖 정사와 온갖 일이 환하게 막힘이 없게 될 것이라고 건의하였다. 그는 삼대(三代) 이후의 임금들이 누구인들 잘 다스리고 싶지 않았겠냐마는 그렇지 못한 것은 도학(道學)이 밝지 못해 마음을 말단의 일에만 썼기 때문이라고 진단하고 제왕은 마땅히 심학(心學)에 힘을

---

44 『중종실록』권36, 중종 14년 7월 16일(정미).

45 『중종실록』권31, 중종 13년 1월 4일(갑진).

다하여 조금도 간단(間斷)이 없어야 한다고 주장하였다.[46]

또 치란(治亂)은 모두 학술에 달렸으니 왕은 도학에 마음을 두어 다스리기를 도모해야 한다. 다행히 고려조 정몽주(鄭夢周)는 이학(理學)이 동방의 종주(宗主)이며, 조선조의 김종직(金宗直)도 또한 그런 사람으로 두 사람의 풍도를 들은 사람은 지금도 사모한다. 이런 전통을 이어 임금이 도학으로 나라를 다스리면 아랫사람들이 바람에 풀 쓸리 듯하여 사습과 풍속이 반드시 정립할 것이라고 주장하였다.[47] 따라서 임금이 수신·제가·치국·평천하의 도리를 자임(自任)하고 뜻을 세우고 지치(至治)를 성취해야 하는데 좋은 시절은 지나가기 쉬워서 미처 못 할런지 모르니 춘추가 한창일 때에 힘써야 한다. 만약에 춘추가 이미 늦어지면 공부를 잘할 수 없거니와, 만약에 능히 학술이 굳어지면 참으로 종사의 만세의 복이 될 것이라고 국왕이 성리학적 가치에 충실한 도학정치에 실천할 것을 요구하였다.[48]

ㄴ. 재상론

기준은 재상은 국정의 최고 보좌역이기에 한갓 그 한 몸에 과실이 없는 것만을 귀하게 여겨서는 안 되며, 반드시 재주와 지혜가 보통 사람보다 뛰어난 자라야 한다고 주장하였다. 실례로 언산군 대에 노사신(盧思愼)은 그 성품과 행실이 지극히 순박하고 근신하며 기도

46 『중종실록』 권26, 중종 11년 10월 8일(병진).
47 『중종실록』 권27, 중종 12년 2월 14일(경신).
48 『중종실록』 권29, 중종 12년 9월 29일(임인).

(氣度)도 트인 사람이었지만, 폐조(廢朝)의 초년에 이르러서는 '대간의 말을 죄다 들어 줄 수는 없다'고 아뢰었다. 그 결과 사람들이 '폐조의 화란(禍亂)은 사신에게서 비롯하였다'고 한다고 지적하며 재상이 된 자는 한 몸에 과실이 없더라도 학식이 없으면 나라의 일을 그르치는 것이 많거니와, 반드시 재주와 덕이 온전히 갖추어진 자가 맡아야 한다고 하였다.[49]

ㄷ. 원자(元子) 교육 강화

기준은 원자 교육의 중요성을 자주 강조하였다. 기준은 조기에 원자를 성군으로 교육하여 가르쳐 어릴 때부터 마음과 귀에 익혀서 습관이 성품으로 이루어져야 한다고 주장하였다.[50] 이를 위해 환시(宦寺)와 부녀자에게 맡기면 안되며 특히 사가집에 피접 나가는 것은 불가하다고 하였다. 항상 궁중에 두고 정인(正人)과 군자(君子)를 접하고 버릇이 천성대로 성취토록 해야 한다고 건의하였다.[51] 그 결과 기준을 비롯한 홍문관 관리들이 원자를 교양하는 방법을 편찬하여 진상하기도 하였다.[52]

ㄹ. 언로의 확대

기준은 언로의 개방은 심학을 바로잡고 인재를 변별하는 것과 함

---

49 『중종실록』 권25, 중종 11년 6월 16일(병인).
50 『중종실록』 권28, 중종 12년 7월 28일(신축).
51 『중종실록』 권26, 중종 11년 10월 19일(정묘).
52 『중종실록』 권27, 중종 12년 1월 19일(을미).

께 국정에 중요한 요소로 인식하였다.[53] 이런 이유로 신씨 복위 문제를 정면으로 거론한 박상(朴祥)과 김정(金淨)의 상소 문제가 정치적 쟁점이 되자 양인을 적극적으로 옹호하였다.[54] 그는 박상과 김정 사건을 언로의 문제로 해석하고 언로는 국가에 매우 중대하므로 범상한 사람의 말이라도 쓸 만하면 쓰고 어진 사람의 말이 맞지 않은 경우에도 용서하여 성덕(成德)을 보여주어야 한다고 주장하였다. 따라서 박상 등을 용서하면 언로가 넓어지는 것이다라고 하였다. 나아가 구언(求言)하고서 그 내용을 벌준다는 것은 언로를 막는 것이며 말할 일이 있는 데도 사람들이 감히 말을 하지 않으면 반드시 나라를 잃게 될 것이라고 주장하였다.[55] 기준은 언로를 봉쇄하는 것은 폐조(廢朝)에서나 있던 악습으로, 구폐(舊弊)의 상징으로 인식하고 언론의 개방이라 말로 새 정치라고 주장하였다.[56]

ㅁ. 민생의 안정

기준은 백성이 없으면 나라가 존재할 수 없다고 생각하였다. 따라서 백성이 근본이 되고 농사가 백성의 하늘이 된다는 것을 망각해

---

53 『중종실록』 권23, 중종 11년 1월 6일(무자) ; 『중종실록』 권23, 중종 11년 1월 16일(무술) ; 『중종실록』 권23, 중종 11년 1월 19일(신축) ; 『중종실록』 권24, 중종 11년 3월 8일(기축).

54 『중종실록』 권23, 중종 10년 11월 28일(경술) ; 『중종실록』 권24 중종 11년 4월 13일(갑자).

55 『중종실록』 권22, 중종 10년 8월 23일(정축) ; 『중종실록』 권23, 중종 10년 9월 13일(병신) ; 『중종실록』 권23, 중종 10년 10월 9일(임술).

56 『중종실록』 권23, 중종 10년 10월 9일(임술).

서는 안된다, 조선도 연산군 이후 해마다 기근이 들어 민생이 곤궁
한데 백성 중에서 전토(田土)를 가진 자가 얼마 안 되고, 한 두둑의
전토를 가진 자도 마침내 생계를 유지할 수 없어, 있을 곳을 잃고
떠돌며 굶어 죽는 사람이 많다. 백성은 굶주림을 면해야 항심(恒心)
이 생기고 교화가 가능하다고 말하였다.[57] 이에 백성의 이익을 빼앗
아 가는 공잠(公蠶)을 폐지하고, 내수사 장리(長利)의 철폐를 주장하
였다. 한편 정부의 재정 지출을 절약할 것도 주장하였다. 정부 지출
이 절약되지 않으면 백성의 재물을 노략질하게 될 것이라고 하였다.
이 점에서 오래전에 설정된 공안(貢案)이 해당 지역의 산물을 제대
로 반영치 못하여 "대본(大本)이 이미 그릇되었으므로 그 말절(末節)
을 구제하더라도 백성이 혜택을 입지 못한다"고 국가가 거두는 공물
수취제도의 문제점을 지적하면서 공물을 상정(詳定)할 때에도 해당
지역의 공물 산출 정도를 참작하여 정할 것을 주장하였다.[58]

ㅂ. 성리학 장려와 학문 탐구

기준은 치란(治亂)이 모두 학술에 달린 것이라 하며 왕이 도학으
로 치국하면 백성이 바람에 풀 쏠리 듯하여 사습과 풍속이 저절로
교정될 것[59]이라고 주장하였다. 따라서 성리학을 장려하면 우리 동
방에 교화가 크게 행해질 것[60]이며 제왕은 마땅히 심학(心學)에 힘을

---

57 『중종실록』 권27, 중종 12년 2월 22일(무진).
58 『중종실록』 권29, 중종 12년 8월 5일(무신).
59 『중종실록』 권27, 중종 12년 2월 14일(경신).
60 『중종실록』 권26, 중종 11년 10월 19일(정묘).

다하여 조금도 간단(間斷)이 없어야 하는 것[61]이며 경연을 활성화하
고 학문토론을 자주 할 것을 건의하였다.[62] 나아가 『근사록』과 같은
성리서를 읽어 공력을 들여 존양(存養)하고 성찰(省察)하여 국왕의
마음 다스리는 요법을 알면, 자연히 온갖 정사와 온갖 일이 환하게
막힘이 없게 될 것이라고 건의하였다.

　ㅅ. 인재 등용과 사습(士習) 배양

　기준은 국가경영에 필요한 인재의 중요성을 강조하며 인재 등용
의 폐단을 지적하였다. 조선은 과거(科擧)로만 인재를 선발하는데,
과거가 너무 좁아 현명한 사람이 임용되지 못한다. 특이한 효렴(孝
廉)이 있는 사람이면 발탁하여 임용하자며 효렴과(孝廉科)의 실시를
건의하였다.[63] 인재를 일찍 배양하는 것은 미래에 쓰기 위한 것이니
이것이 동몽학(童蒙學) 성립의 취지이며 이를 강화하자[64]고 주장하
였다. 현재 성균관의 일강(日講), 월강(月講), 제술(製述)이 모두 과거
에 응시하기 위한 것이므로, 심신을 수양하는 것과는 다르다. 외방
에 뜻있는 선비가 성균관에 유학하려고 해도 거재생(居齋生)의 비웃
음을 받아 사습(士習)이 무너진다. 이것은 사장(師長)이 문제가 있는
것이고 사장이 적격자면 이러지 않을 것[65]이라며 성균관 교육의 문

61 『중종실록』 권26, 중종 11년 10월 8일(병진).
62 『중종실록』 권31, 중종 12년 윤12월 19일(경인).
63 『중종실록』 권26, 중종 11년 11월 2일(기묘).
64 『중종실록』 권26, 중종 11년 11월 4일(신사).
65 『중종실록』 권28, 중종 12년 7월 28일(신축).

제를 개선할 것을 주장하였다.

이 점에서 이학(理學)을 숭상하지 않는 풍습을 교정토록 정몽주, 김굉필의 문묘종사(文廟從祀)를 주장하였다.[66] 무오사화의 발발로 사림이 숙청되자 사습이 무너져 관학(官學), 동몽학(童蒙學)에서 대학(大學), 소학(小學)을 모른다. 성균관은 국가 인재를 양성하는 곳이므로 선비는 이곳에서 학문에 힘쓰고 세상에 쓰여야 한다. 현재 선비는 사장(詞章)에 힘쓰고 있어 문제가 크다고 진단하였다.

(2) 인습 및 구습의 혁거

사림세력의 구습 타파 주장은 전통적 명분 회복을 위한 일련의 노력으로 계유정란, 세조의 즉위, 연산군대의 무오. 갑자사화, 중종반정 등 여러 정변에서 희생된 인물들에게 정당성을 부여하자는 노력에 기인한 것이다.[67]

ㄱ. 구습의 혁파

기준은 사전(祀典) 체제의 개혁에도 착수하여 불교식 사전(祀典)인 기신재(忌晨齋)의 혁파를 주장하였다.[68] 반대로『주자가례(朱子家禮)』의 보급과 실천을 주장하며 소학(小學)과 삼강행실도(三綱行實

---

66 『중종실록』권29, 중종 12년 8월 8일(신해).

67 이병휴,『조선전기 기호사림파연구』, 1984, 일조각, 117쪽.

68 『중종실록』권23, 중종 11년 3월 8일(기축) ;『중종실록』권25, 중종 11년 5월 17일(정유).

圖)의 인간(印刊)을 건의하였다. 나아가 혼례에 있어서는 친영례(親迎禮)를 주장하였다. 당시 친영은 상류층에서는 행하고 백성들에게 확산되지 않았는데 이를 개혁하자는 것이었다.[69] 친영 이후에 가묘를 배알하는 묘현(廟見)을 주장하기도 하였다.[70] 성리학적 예법을 민간까지 실천적으로 확대하자는 요구였다.

ㄴ. 궁금(宮禁) 세력 단속

기준은 국왕이 통치할 때 궁금(宮禁) 세력을 멀리할 것을 건의하였다. 특히 인물 진퇴, 대간이 아뢴 긴요한 말 등을 환관을 시켜 전언하지 말도록 요구하였다. 이런 일은 경연 때 승지가 직접 보고하고 경연이 아닐 때는 승지가 먼저 취품(取稟)하여 직접 아뢰도록 윤허한 다음 친계토록 할 것을 건의하였다.[71] 따라서 국왕은 혼자 있을 때 존양(存養)을 다해야 하고 경(敬)을 주로 하여 극복해야 하며, 잠심 자득해야 한다.[72] 이를 위해 간알, 사은을 막아야 하며 자신이 초하여 홍문관 관리들과 함께 상소하여 여알(女謁)의 대표적인 사례로 연산조부터 궁중에 출입하던 윤순의 처를 내칠 것을 건의하였다. 나아가 외척에게 사정(私情)을 두고 비호하고 정론(正論)을 막거나, 환관, 궁첩을 가까이하는 것은 국가 화란의 싹이라고 주장하였다.[73]

---

69 『중종실록』 권23, 중종 10년 10월 23일(병자).

70 『중종실록』 권29, 중종 12년 8월 2일(을사).

71 『중종실록』 권26, 중종 11년 10월 9일(정사).

72 『중종실록』 권26, 중종 11년 10월 13일(신유).

73 『중종실록』 권28, 중종 12년 7월 22일(병신).

따라서 국왕은 평상시에 의원(醫員)을 불러 사통하는 것도 피해야 하며 궁궐내 내치(內治)가 엄해야 한다. 이런 점에서 궁중(宮中)과 부중(府中)이 일체가 된다면 절로 엄숙하여져서 난잡하고 비벽한 간 알이 없어질 것이다.[74] 이런 점에서 여사(女史)의 설치를 요구하였 다. 이유는 임금은 깊은 궁궐 속에 거처하므로 그 하는 일을 외부인 은 알 수 없기에 여사를 두어 규문 안에서 임금의 거동과 언행을 모두 다 기록하여 깊숙한 궁궐 속에서도 국왕이 방과(放過)하지 못 하도록 하자는 취지였다.[75]

ㄷ. 종친의 우대

기준은 효제(孝悌)를 인간의 모든 행실의 근본으로 보았다. 따라 서 형제는 형체만 나뉘었지 기운은 연속되어 있으니, 두 사이에 정 의가 간격이 없다. 종실 대우를 후히 하라는 덕목을 국가 통치의 요 강(要綱)으로 생각하고 국왕이 왕실을 화합하게 하여야 하며 이 점에 서 종친을 충후하게 대우해야 한다고 주장하였다.[76] 현재 종친들이 죄를 짓는 것은 녹만 먹고 학식이 없어서 죄를 범하는 것이니 이들 을 교육할 것을 주장하였다.[77] 따라서 후손이 없는 모든 종친들에게 제사를 지내주어야 하는데, 연산군과 노산군을 제사지내 주자고 제 안하였다.[78] 나아가 성종의 자로 1507년(중종 2) 모반을 꾀한 이과(李

---

74 『중종실록』 권28, 중종 12년 7월 28일(신축).
75 『중종실록』 권35, 중종 14년 4월 22일(을유).
76 『중종실록』 권24, 중종 11년 4월 13일(갑자).
77 『중종실록』 권24, 중종 11년 4월 13일(갑자).

顥)에게 왕으로 추대되었다가 간성에 유배된 이후 죽은 견성군의 신
원도 건의하였다.[79] 이들의 제사를 주관할 후손을 세우면 국가의 기
맥이 연장되고 왕의 덕도 지극하여 질 것이라며[80] 실례로 세종도 무
안군[李芳碩]의 후손으로 광평대군을 삼았음을 상기시켰다.[81]

5. 기묘사화의 발발과 기준의 정치적 몰락

1517년(중종 12)부터 급속히 성장한 사림파는 성리학적 정치개혁
을 주도하면서 훈구파와 정치적 갈등이 커지자 훈구계 인물들로부
터 적대적 존재로 주목되었다.[82] 종종 13년 8월 21일 「시간게서사건
(矢幹揭書事件)」이 벌어졌다. 내용은 기준을 비롯하여 김정, 조광조,
이자, 한충, 김안국 등 30여 사림파 세력이 국정을 변경하고 어지럽
히며 사직을 위태롭게 한다고 지적하며 사림세력을 붕당으로 비판
하였다.[83] 이러한 갈등은 '위훈삭제사건'으로 인해 훈구파의 조직적
인 저항에 직면하였다. 홍경주(洪景舟), 남곤(南袞), 심정(沈貞)이 주
동이 된 훈구세력은 종중의 마음을 움직여 마침내 기묘사화를 일으

78 『중종실록』 권24, 중종 11년 10월 22일(경오).
79 『중종실록』 권26, 중종 11년 11월 13일(경인).
80 『중종실록』 권24, 중종 11년 10월 22일(경오).
81 『중종실록』 권24, 중종 11년 10월 22일(경오).
82 이병휴, 위의 책, 94쪽.
83 『중종실록』 권34, 중종 13년 8월 21일(무자).

켰던 것이다. 기묘사화가 일어나던 1519년(중종 14) 11월 15일 밤 2
고(鼓)에 홍문관에서 직숙하던 기준은 동료인 부수찬 심달원과 승정
원에 직숙하던 승지 윤자임, 공서린, 주서(注書) 안정(安珽), 한림(翰
林) 이구(李構) 등과 함께 가장 먼저 하옥되었다. 곧이어 중종이 금
부(禁府)에 명하여 우참찬 이자, 형조 판서 김정, 대사헌 조광조, 부
제학 김구, 대사성 김식, 도승지 유인숙, 좌부승지 박세희, 우부승
지 홍언필, 동부승지 박훈 등 사림세력의 핵심 인물들을 모두 구금
하였다. 나아가 승정원·홍문관·대간·한림을 모두 다 체직하였다.[84]
그 다음 죄안(罪案)을 만들어 조광조, 김정, 김구, 김식, 윤자임, 박
세희, 박훈, 기준 등 8인을 핵심 대상으로 지목하였다. 그중에 조광
조, 김정, 김구, 김식은 상층(上層)으로 격론(激論)을 주도한 주동자
로, 기준을 비롯한 윤자임, 박세희, 박훈은 화부(和附)한 동조자로
분류하였다.[85] 중종은 조광조와 김정·김식·김구 등이 서로 붕당을
맺고 자신들에게 붙는 자는 천거하고 자신들과 뜻이 다른 자는 배척
하여, 성세로 서로 의지하여 권요(權要)의 자리를 차지하고, 후진을
유인하여 궤격이 버릇이 되게 하여 국론과 조정을 날로 그릇되게
만들었다고 처벌의 이유를 들었다. 그 결과 조정에 있는 신하들이
그 세력이 치열한 것을 두려워 아무도 입을 열지 못하게 된 일과,
기준과 윤자임·박세희·박훈 등은 궤격한 논의에 화부한 혐의로 의
금부로 하여금 추고토록 명하였다.[86]

---

84 『중종실록』 권37, 중종 14년 11월 15일(을사).
85 『중종실록』 권37, 중종 14년 11월 15일(을사).

다음날 16일 본격적으로 조광조를 위시한 8인을 차례로 공초하기 시작되었다. 그 자리에서 기준은 자신의 나이가 28세이며 젊어서부터 옛사람의 글을 읽었으므로, 집에서는 효제(孝悌)를 다해야 하고 나라에서는 충의(忠義)를 다해야 한다고 생각하였다. 뜻을 같이하는 선비와 고도(古道)를 강구하고 국가가 반드시 요·순(堯·舜)의 정치에 이르게 하고자 하여 선한 자는 허여하고 선하지 않은 자는 미워하였다고 고백하였다. 또 조광조와는 젊어서부터 사귀어 왔으며, 김식·김구·김정은 늦게 상종하였는데, 그들의 논의가 궤격한지는 모르겠으며, 함께 교유하였을 뿐이고 서로 부화한 일은 진실로 없다고 주장하였다.[87] 조광조는 옥중 상소에서 자신들의 억울함을 토로하기 위하여 중종의 친국(親鞫)을 요청하였지만 거절되었다.[88]

이들은 『대명률(大明律)』의 「간당조(奸黨條)」로 조율(照律)하여 조광조, 김정, 김구, 김식은 참하고 처자를 종으로 삼고 재산은 몰수하는데 해당하며 기준과 윤자임, 박세희, 박훈은 수종(隨從)으로 1등을 감하여 각각 장1백에 유삼천리하며 고신은 진탈해야 한다고 건의하였다.[89] 그러나 애시당초 이 법률의 적용은 무리한 것이었다. 그것은 「간당조」의 원율(元律)이 사림파 숙청의 명분과 맞지 않아 무리하게 비율(比律)로 맞춘 것이어서 처벌이 너무 과중하였다. 따라서 만약 이 율대로 죄주면 만세에 관계될 것이라는 중신들의 건의

86 『중종실록』 권37, 중종 14년 11월 15일(을사).
87 『중종실록』 권37, 중종 14년 11월 16일(병오).
88 『중종실록』 권37, 중종 14년 11월 16일(병오).
89 『중종실록』 권37, 중종 14년 11월 16일(병오).

에 중종은 조광조, 김정, 김구, 김식은 원방(遠方)에 안치(安置)하고 기준과 윤자임, 박세희, 박훈은 외방에 부처(付處)하게 하였다.[90] 기묘 8인은 16일 결장(決杖)을 당하고 17일 한강을 지나 유배 길에 올랐다.[91]

6. 아산 유배와 망명사건

기준은 아산으로 유배가 결정되자 성주로 유배지가 결정된 박훈(朴薰)과 동행해 내려오다가 경기도 갈원(葛院)을 거쳐 아산으로 들어왔다.[92] 이때 그의 처남인 윤자임도 아산과 이웃한 온양(溫陽)으로 유배되었다. 기준의 유배지가 현재 아산의 어느 곳인지를 알려주는 명확한 자료는 없다. 다만 온양에 있는 처남 윤자임과 가형(家兄)에게 보낸 몇 편의 한시에 유배지의 풍경이 그려져 있다. 바닷가이며 새가 나르고 호수가 있는 곳이라는 것을 보아 현 아산시 인주면 공세리(貢稅湖) 주변에 부처된 것임은 짐작할 수 있다. 이것을 뒷받침하는 근거로 이후 아산에 유배되는 다른 인물들의 경우를 보아도 주로 공진(貢津)에 유배되었다[93]는 사실에서 공세창이 있는 인주면

---

90 『중종실록』 권37, 중종 14년 11월 21일(신해).
91 『중종실록』 권37, 중종 14년 11월 17일(정미).
92 『중종실록』 권82 중종 31년 8월 5일(무자) 葛院은 현재 평택시 七院洞이다.
93 李浩彬, 『新定牙州志』(奎17384), 謫居條.

주변의 해변 지역이 유배지였을 것으로 생각된다.

아산에서 기준의 유배 생활은 암담함과 쓸쓸함, 외로움으로 요약할 수 있다. 그의 『덕양유고』에는 아산 배소에서 보냈던 막막한 심정을 담은 시가 몇 편 남아 있다. 같은 처지의 처남 윤자임에게 보낸 다음의 시에서 그의 힘들고 괴로운 심사를 잘 읽을 수 있다.

외로운 죄인은 바다 한 모퉁이에서	孤囚海一徼
다만 물고기, 새와 어울릴 뿐	魚鳥但相群
눈물은 관산의 눈을 가리지만	淚暗關山雪
마음은 고향 구름되어 날아가네.	心飛故國雲
기러기는 풍상에 기운이 다하고	雁風霜氣逼
등불은 밤비에 빛이 흩어진다.	燈雨夜光分
꽃다운 젊은 시절 저물어가니	苒苒芳年暮
강을 사이하고 부질없이 그대를 생각하네.[94]	隔江空憶君

기준의 아산 유배생활은 짧게 끝났다. 그해 12월말에 다시 함경도 온성으로 이배(移配)되었기 때문이다. 이 이배문제는 그의 운명을 가르는 '망명사건'으로 비화한다. 기묘 8인이 임시로 지방에 부처된 후 중종은 조정의 대신들과 이들의 처벌을 둘러싸고 긴 논란을 진행하고 있었다. 많은 사람들은 이들에 대한 처벌이 처음부터 무리한 것이어서 이들의 유배가 일시적인 것으로 이해하려고 생각했다. 그러나 훈구파들은 이들의 정계복귀를 원천적으로 봉쇄하기 위한

---

94 『德陽遺稿』, 「牙山謫居詠懷」, 한국문집총간 25, 300쪽.

정죄(定罪)와 여타 사림세력에 대한 2차 숙청에 골몰하였다. 그 결과 많은 조정대신들이 반대하였고 성균관 유생들이 집단적으로 항의했음에도 불구하고[95] 그해 12월 16일에 유배된 기묘 8인에 대한 2차 조율(調律)이 최종 결정되었다. 수괴로서 조광조는 사사(賜死)하는 것으로 결정되었고 나머지 7인중에 김정, 김구, 김식은 절도(絶島)에 안치하고 기준과 윤자임, 박세희, 박훈은 극변(極邊)에 안치한다는 무거운 처벌이었다. 나아가 사림파에 대한 2차 숙청을 단행하여 유용근, 정응, 최산두, 정완을 원방에 부처하고 안당, 유운, 김안국을 파직하고 이자, 최숙생, 이희민, 이약빙, 이연경, 조광좌, 윤광령, 송호지, 송호례, 양팽손, 이충건은 고신(告身)을 추탈하였다.[96]

〈표 4〉 기묘 8인의 유배 상황

성명	나이	관직	유배지	비고
趙光祖	38	대사헌	능성	賜死
金淨	34	형조판서	금산 → 진도 → 제주도	絞死
金湜	39	대사성	선산	망명후 자살
金絿	32	부제학	開寧 → 남해 → 임피	放送(중종 28년(1533) 3월 26일) 예산에 돌아와 죽음
奇遵	28	응교	牙山 → 穩城	絞死
朴薰	36	동부승지	성주 → 의주 → 안악	放送(중종 28년(1533) 3월 26일)
朴世熹	29	좌부승지	상주 → 강계	유배지 강계에서 죽음
尹自任	32	좌승지	온양 → 북청	유배지 북청에서 죽음

---

95 『중종실록』 권37, 중종 14년 11월 17일(정미).
96 『중종실록』 권37, 중종 14년 12월 16일(병자).

조광조에 대한 사사(賜死) 명령은 이미 지방에 부처(付處)되어 있던 기묘 사림 7인에게 커다란 충격을 주었다. 결국 자신들도 죽음이 임박했다고 생각하고 극심한 절망과 죽음의 공포를 느꼈다. 그러자 이 국면을 벗어나기 위해 배소(配所)를 떠나 망명하는 사례가 발생하였다. 그중 김식(金湜)의 망명은 파장이 가장 컸다.[97] 그런데 기준과 김정의 경우는 애매한 부분이 있었다. 기준은 함경도 온성(穩城)으로 극변안치, 김정은 전라도 진도(珍島)로 절도안치가 결정되자 자신들이 앞으로 살아 돌아오기가 어려울 것이라 판단하였다. 그래서 이배(移配) 전에 모친과 영결(永訣)하기 위해 김정은 유배지인 금산을 벗어나 모친이 있는 보은(報恩)으로 떠났고, 기준은 모친이 계신 전라도 무장(茂長)을 향해 배소를 이탈한 것이 망명사건으로 비화된 것이었다.

현재 기준의 망명사건은 두 가지의 상이한 사실(事實)이 전승되고 있다. 첫째는 기준이 아산에 귀양 가 있을 때 그의 맏형 기형(奇迥)이 무장현감으로 발령받아 그의 모친을 모시고 임지로 가는데, 충청도 직산(稷山)을 경유하게 되었다. 직산은 아산과의 거리가 50리 밖에 되지 않았다. 기준이 그 현감 배철중(裵鐵重)에게 간청하여 중로(中路)에 가서 그 어머니를 보고 하룻밤을 자고 돌아왔다. 그 뒤 그 사실이 발각되자 배철중이 제 마음대로 죄인을 놓아 보냈다는 자신의 죄를 면하기 위하여 기준이 도망했다가 돌아왔다고 위증을 한

---

97 김식의 망명사건은 송웅섭, 「기묘사화와 기묘사림의 실각」, 『한국학보』 31-2, 2005, 98~103쪽을 참조.

것이라는 것이다.[98] 이 이야기는 『기묘당적(己卯黨籍)』과 『은봉전서(隱峯全書)』 「기묘유적(己卯遺蹟)」, 『동유사우록(東儒師友錄)』에 수록된 내용인데 어떤 과정을 통해 형성되었는지는 알 수 없지만 그 사실성을 확인하려면 기준의 형 기형(奇逈)이 언제 무장현감으로 임명되었는지를 알면 해결될 수 있는 사실이다. 그러나 적확한 사료가 없어 확인되지 않는다. 그런데 기묘사화가 발발하기 전 1518년(종종 13) 7월에 기준이 근친(覲親)을 위해 잠시 서울을 떠나 모친이 있는 전라도 무장(茂長)으로 간 적이 있었다.[99] 그의 문집인 『덕양유고』에는 이 무렵 호남 일대를 유람하면서 지은 여러편의 시가 실려 있다. 따라서 이 사실로 볼 때 기준의 모친은 1518년 이전에 이미 무장에 있었다고 보는 것이 타당하며, 위 이야기는 사실과 거리가 먼 것으로 보인다.

　둘째는 『중종실록』에 나오는 내용으로 기준이 아산으로 귀양갔을 때 그의 형 기형이 이미 무장 현감이었고, 그 어머니가 함께 와 있었다. 기준이 장차 온성(穩城)으로 귀양지를 옮기게 되자, 어머니를 만나보고 오기 위하여 배소를 이탈하여 천안군(天安郡) 남원(南院)에 이르렀는데 발이 부르트고 배가 고파 걷지 못하고 시냇가에 엎드려 있다가 마침 아산의 보장인(報狀人)을 만나 잡혔다는 것이다.[100] 이것은 이후 기준이 자신의 망명사건을 변명하는 상소[101]에서

---

98 『隱峯全書』 권14, 己卯遺蹟.
99 『중종실록』 권34, 중종 13년 7월 11일(무신).
100 『중종실록』 권38, 중종 15년 1월 4일(계사).
101 『중종실록』 권39, 중종 15년 5월 25일(임자).

도 유사한 사실을 언급하는 것을 보아 사실에 가까운 것 같다. 다만
아산의 보장인(報狀人)을 만나 잡혔다는 말은 기준의 말과 다르다.
기준은 자신이 길을 가다가 다시 생각하니 어머니를 만나게 되더라
도 뒷일이 참으로 난처하고 마침내 자수하더라도 망명의 죄를 면치
못할 것 같아 자진해서 배소(配所)로 돌아왔다고 하였다.[102]

아무튼 김식의 망명이 중앙에 보고되어 큰 파란을 일으키고 있는
중에 기준의 도망 사건이 중종에게 보고된 것은 영의정 정광필에
의해서였다. 정광필은 도망 사건을 이유로 기준을 온성으로 멀리 유
배 보내지 말고 도성과 가까운 곳으로 이배하자고 건의하였다.[103] 이
사건의 처리를 둘러싸고 조정에서 논란이 진행되는 중에 기준은 예
정된 온성으로 이배되었다. 그는 배소로 가는 도중 안변(安邊)에서
함경북도 병마절도사로 재임 중이던 사림파 동료 유용근(柳庸謹)을
만나고,[104] 회령에서는 온양에서 북청으로 이배된 처남 윤자임을 잠
시 만났다.[105] 하지만 김식의 망명 시간이 길어지고 망명 후 권신들
을 타도할 목적으로 동조 세력을 규합하여 군사적 모반을 계획했다
는 사실이 속속 보고되었다. 나아가 상주에 부처된 박세희에 대한
망명권유 사실도 알려지면서 사태가 심각한 국면으로 전개되었다.
그러자 기준, 김정 양인에 대한 처벌도 처음에는 정광필같은 온건론
자들의 주장이 힘을 얻었지만 곧 대간을 중심으로 강력하게 처벌하

---

102 『중종실록』 권39, 중종 15년 6월 3일(기미).

103 『중종실록』 권38, 중종 15년 1월 4일(계사).

104 『德陽遺稿』 권2, 安邊龍塘別圭復柳庸謹.

105 『德陽遺稿』 권2, 到會寧書示仲耕.

자는 강경론자의 주장이 힘을 얻어갔다. 그 결과 조정에서는 해당
도의 관찰사로 하여금 이배된 기준과 김정을 추문하게 하였다. 이때
기준은 일찍 도망 사실을 자복하였으나 김정의 경우는 그 결과가
신속하지 않자 중종은 의금부에 명하여 기준과 김정 두 사람을 모두
서울로 나치(拿致)하여 국문케 하였다.[106] 기준은 유배지 온성에서
다시 서울로 압송되어 의금부에 투옥되었다. 기준은 5월 25일 옥중
에서 열폭(裂幅)하여 자신을 변호하는 상소를 다음과 같이 올렸다.

> 신의 성품이 경망하고 죄려(罪戾)가 심중(深重)하나, 회포가 있는데
> 죄다 아뢰지 못하면 어찌 성세(聖世)의 아름다운 일이겠습니까? 신이
> 당초 죄를 입었을 때에 홀어머니가 무장(武長)에 있었는데 적소(謫所)
> 를 옮긴다는 말을 듣고 밤낮으로 울다가 병까지 나서 얼마 보전하기 어
> 렵게 되었으나, 가 보려 하여도 가 볼 길이 없었습니다.
> 온성(穩城)으로 이배(移配)하게 되니 생사도 서로 통하기 어려울 것
> 이므로 한 번 얼굴을 보고 서로 영결(永訣)하려 하였는데, 일이 갑자기
> 닥쳤으므로 경망하게 나갔으나, 다시 생각하니 어미를 보게 되더라도
> 더욱 놀랄 뿐 아니라 뒷일의 어려움도 염려되므로 배소(配所)로 돌아왔
> 습니다. 도망했던 죄는 스스로 변명하기 어려울 듯하나, 날을 넘긴 것
> 도 아니고 다른 뜻이 있었던 것도 아닙니다. 임금의 명은 천지간에 도피
> 할 데가 없는 것인데 어디에 가서 피하겠습니까? 신은 그 죄를 달게 받
> 아야 하겠으나, 바야흐로 효(孝)로 나라를 다스리시니, 미정(微情)을 굽
> 어 살피신다면 또한 생성(生成)의 일덕(一德)이 되겠습니다.[107]

---

106 『중종실록』 권39, 중종 15년 4월 27일(갑신).
107 『중종실록』 권39, 중종 15년 5월 25일(임자).

위 내용을 정리하자면 기준은 자신이 유배지에서 일탈한 것은 왕명에 저항하려는 불순한 의도가 있었던 것이 아니고 온성으로 이배가 결정된 후 슬퍼하는 모친을 만나 영결(永訣)하기 위한 것이었다. 더구나 하루를 넘기지도 않고 중도에 되돌아 와 명백히 망명이 성립되지 않았기에 선처해 달라는 것이었다. 중종은 기준을 김정(金淨)의 망명사건과 함께 조율하도록 명하였다. 6월에 본격적인 추국이 시작되자 동월 3일 기준이 옥중에서 다시 상소를 올렸는데, 그 내용은 대략 이러하다.

신의 도피는 참으로 도망하고자 한 것이 아니고, 늙은 어미를 보고 싶은 마음에서 앞뒤를 생각할 겨를 없이 어린아이 같은 뜻만을 품고서 한 번 얼굴을 보고 서로 영결하고자 한 것입니다. 그런 뜻이 심중에 급박하여 스스로 억누르지 못하고 창졸간에 경망하게 나갔으나, 중도에서 다시 생각하니 어미를 만나게 되더라도 뒷일이 참으로 난처하고 마침내 자수하더라도 망명의 죄를 면치 못할 것이므로, 곧 배소(配所)로 도로 향하였습니다. 정상이 곧바르고 일이 분명함이 이러한데도 살펴지지 않으니, 신은 참으로 몹시 답답합니다."[108]

기준의 망명이 불순한 의도가 없었다는 사실은 기묘사화의 기화자(起禍者)인 좌의정 남곤(南袞)조차도 인정하여 상소를 올려 구명을 요구하였다.[109] 한편 6월 17일 계복을 듣는 자리에서 영의정 김전

---

108 『중종실록』 권39, 중종 15년 6월 3일(기미).
109 『중종실록』 권39, 중종 15년 6월 5일(신유).

은 김정의 경우 도망하였다가 배소로 돌아와 잡혔으므로 망명이라고 하기에는 애매한 부분이 있다고 지적하였다. 더구나 처벌 법규로 『대명률』「모반조(謀叛條)」의 '산택으로 도피하여 추환(追喚)에 복종하지 않는 것'이란 율로 조율하는 것은 온당치 않다고 문제를 제기하였다. 이것은 법규상 적용률이 마땅치 않아 억지로 끌어 붙인 결과였다. 중종도 이 점을 인정하고 기준과 김정이 비록 망명을 했지만 다른 일을 꾀한 것이 없고 적용할 율도 적절치 못하다는 이유로 사죄(死罪)로 결단하지 말고 감경할 것을 결정하였다. 그 결과 두 사람을 장 1백에 처한 후 다시 배소로 보내졌다. 다만 망명에 대한 벌칙으로 위리안치(衛籬安置)하도록 명하였다.[110]

7. 죽음과 신원(伸冤) 과정

죽음의 고비를 넘기고 유배지 온성으로 되돌아 왔지만 종신(終身)할 때까지 남은 1년여 동안 기준의 유배 생활은 죽음에 대한 공포와 가족에 대한 그리움으로 회한이 가득 찬 시간이었다. 고통스러운 유배 생활을 달랠 수 있는 일은 아무것도 없었고 우울하고 답답한 시간을 보내기 위해 시작(詩作)에 몰두하였다. 특히 온성에서는 사면이 가로막힌 좁은 공간에 위리안치되어 주변 사람들과 격리된 속에

---

110 『중종실록』 권39, 중종 15년 6월 17일(계유).

서 아래 시의 내용과 같이 외롭고 쓸쓸하게 지낼 수밖에 없었다.

흐트러진 머리는 달을 넘겨 한번 빗질하고	頭蓬梳隔月
때 절은 얼굴은 열흘에 한번 세수한다네.	顏垢洗經旬
음식은 배 채우기 어렵고	飮食難充腹
의복은 몸조차 가리지 못하는 구나.	衣裳欠蔽身
뼈와 살은 비록 형체를 갖추었으나	筋骸雖備體
움직이고 쉬는 것이 어찌 남들과 같으리오.	動息豈同人
문득문득 안보이고 안들림에 놀라고	忽忽驚聾瞽
망망한 것이 귀신을 만난 듯하다.	茫茫觸鬼神
하늘과 땅은 있으되 밤낮을 모르겠고	乾坤無晝夜
세월은 흘러도 가을인지 봄인지 알 수가 없구나.	時序不秋春
구멍 속에 개미도 제 본성을 다하고	蟻穴猶全賦
가지 위에 뱁새도 참 이치를 갖는데	鷦枝尙獲眞
누가 말했는가, 목숨을 보전할 수 있다고	誰云生可保
애오라지 죽음이 이웃하고 있다.	聊自死爲隣
다만 미미한 충심은 남아 있어	但有微衷在
때때로 늙으신 어머니를 생각한다네.[111]	時時念老親

그런데 서울의 정치 상황은 기준의 바람과 달리 더욱 악화되고 있었다. 기묘사화가 발발한 이듬해 사림세력에 대한 2차 숙청 사건인 안처겸(安處謙)의 무옥사건[辛巳誣獄]이 발생한 것이다.[112] 이 사건

---

111 『德陽遺稿』卷2, 詩「自悲」.

112 송웅섭, 「기묘사화와 기묘사림의 실각」, 『韓國學報』 31-2, 2005, 103~109쪽 참조.

은 기준을 죽음으로 몰아가는 직접적인 단초가 되었다. 1521년(중종 16) 10월 관상감 판관 송사련(宋祀連)과 그의 처남 정상(鄭瑺)이 안처 겸 등이 기묘사화를 일으킨 대신들을 제거하기 위하여 역적모의를 꾸미고 있다고 고변하였다.[113] 이 사건은 처벌에 연루된 사람이 100 명에 이를 정도의 대옥사였다. 그러자 주동자인 안처겸과 종친인 시 산정 이정숙이 망명하는 사건이 일어났던 것이다. 이들은 얼마 후 체포되어 문초를 받았지만, 이들의 망명 사건으로 왕명에 순응치 않 고 도망한 자들을 모두 죽여야 한다는 새로운 논의가 일어났다. 중 종은 망명자들이 많이 나타나게 된 것은 기준·김정 등이 망명했을 때 제대로 논죄하지 않았기 때문이라고 판단하였다. 따라서 지금 망 명자들이 속출한 것은 모두 기준과 김정 등의 소행 때문이며 망명을 하게 된 조짐이 그들에게서 나온 것이다고 하였다. 따라서 처음 도 피한 사람인 기준과 김정을 징계하지 않는다면 지금 귀양 살고 있는 사람들 중에 다시 망명하는 사람이 생길 것이라 우려하였다. 이때 김전·남곤 등은 기준과 김정 등을 극변 안치한 것은 그들의 망명에 대한 처벌의 결과인데, 안처겸 등이 망명한 것으로 인하여 추가하여 김정 등의 죄를 논한다면 귀양간 자들이 조정에서 자신들을 모두 중한 법에 처하려는 것이라 여겨, 조정을 불신하게 하고 이것이 향 후 정치적 부담이 된다고 반대하였다. 하지만 중종은 시산정 이정숙 과 안처겸의 망명은 기준과 김정이 길을 열어놓은 것이어서 양인을 망명한 율(律)로 단죄해야만 후일의 망명하는 조짐을 막게 될 것이

---

113 『중종실록』 권43, 중종 16년 10월 11일(기축).

라는 생각을 굽히지 않고 결국 이들을 사사(賜死)하기로 결정하였
다. 다만 율대로 하면 참형(斬刑)이지만 한 단계 낮추어 교형(絞刑)에
처하라고 명하였다.[114] 같은 달 28일에 금부도사가 온성에 도착하였
다.[115] 죽음에 이르게 되자 기준은 조용히 시를 읊으며 스스로 만사
(輓詞)를 다음과 같이 지었다고 한다.

해 지자 하늘은 먹빛 같고	日落天如墨
산속 깊은 골짜기는 구름 같구나	山深谷似雲
천년토록 지키자던 군신의 의는	君臣千載意
슬프다 하나의 외로운 무덤뿐[116]	惆悵一孤墳

기준은 기묘사화가 일어난 지 2년 만에 30세의 젊은 나이로 고통
과 회한에 가득 찬 유배생활을 마감하고 죽음을 맞이한 것이다. 기
준의 시신은 맏형 기형이 수습하여 행주(幸州) 원당리에 있는 선영

---

114 『중종실록』 권43, 중종 16년 10월 17일(을미).

115 『服齋先生文集』附錄 권2, 行狀.

116 허균, 『성소부부고』 제26권 부록 1 「鶴山樵談」. 기준의 絶命詩라고 할 수 있는
   이 만사는 내용은 약간 다르지만 그의 문집인 『德陽遺稿』 附錄에도 실려 있다.
   허균이 이 시를 수집한 경위는 다음과 같다. 기준이 사망한 후 57년만인 1578년
   (선조 11) 2월 28일에서 3월 사이에 허균의 형인 許篈이 巡撫御史로 함경도에
   파견되었다.(『선조실록』 권12 선조 11년 3월 14일(을축)) 허봉은 巡歷중에 온성
   에 당도하여 기준의 유허지를 방문하였고 弔文한 후 현지 古老들 사이에 구전되
   고 있던 기준의 自挽詩를 채록해 왔다. 그것이 전해서 許筠의 詩評書인 『鶴山樵
   談』에 실렸던 것이다. 이 책은 허균이 25세 때인 1593년(선조 26) 임진왜란을
   피하여 江陵에 머무를 때 쓴 것으로 시화·시평 99則, 기타 9則 등 108칙으로
   구성되어 있다.

으로 옮겨 안장하였다.[117]

억울하게 죽거나, 쫓겨나 유배된 기묘사림에 대한 신원(伸寃) 작업은 1538년(종종 33) 4월에 이루어졌다. 먼저 윤자임, 박세희, 김구 등 22명의 직첩을 돌려주었던 것이다.[118] 하지만 조광조와 망명자인 기준과 김식, 김정은 여타 기묘인과 달리 자신이 죄를 범한 것이므로 직첩을 추급(追給)한다면 전례에도 없을뿐더러 향후 다른 정치적 사건의 선례가 되는 것을 막아야 한다는 명분으로 거절되었다.[119] 이후 사림들의 수차에 걸친 신원 요구가 있었지만 중종은 끝내 거절하였다.[120] 이들에 대한 신원은 인종(仁宗)이 즉위한 이후에 이루어졌다. 1545년(인종 1) 3월 13일 성균관 진사 박근(朴謹)이 상소를 올려 조광조를 비롯한 기묘사림들의 신원을 요구하면서 기준과 김정의 억울한 죽음에 대한 신원도 요청하였다.[121] 이후 계속되는 사림과 대간들의 요구와 조정의 논의를 거쳐 인종은 임종이 임박한 동왕 1년 6월 29일에 기준을 조광조, 김정과 함께 신원하고 복직시켰다.[122]

---

117 『幸州奇氏大同譜』 元編.

118 『중종실록』 권87, 중종 33년 4월 12일(을묘).

119 『중종실록』 권95, 중종 36년 4월 10일(병인).

120 『중종실록』 권101, 중종 38년 7월 20일(계해) ; 『중종실록』 권102, 중종 39년 4월 7일(을해) ; 『중종실록』 권103, 중종 39년 5월 29일(병인).

121 『인종실록』 권1, 인종 1년 3월 13일(을해).

122 『인종실록』 권2, 인종 1년 6월 29일(경신) ; 『명종실록』 권6, 명종 2년 9월 3일(신해).

8. 기준의 인산서원 추배 과정

1) 오현(五賢) 서원의 건립 운동과 기준의 추배 과정

기준은 1668년 아산에 있는 인산서원(仁山書院)에 배향되었다. 아산의 역사 속에 중요한 인물로 자리잡은 것이다. 인산서원(仁山書院)은 본래 동방 유학의 비조인 한훤당(寒暄堂) 김굉필(金宏弼), 일두(一蠹) 정여창(鄭汝昌), 정암(靜菴) 조광조(趙光祖), 회재(晦齋) 이언적(李彦迪), 퇴계(退溪) 이황(李滉)을 모신다는 이유로 오현서원(五賢書院)이라 했다.

오현서원의 건립을 주도한 아산의 인물은 현재 확실하게 확인되지는 않는다. 다만 아산과 주변의 다수의 선비들이 참여하였다는 자료가 있을 뿐이다. 광해군 초기 아산에서 사족 사회를 주도하는 인물은 홍가신(洪可臣), 이덕민(李德敏), 홍익현(洪翼賢) 등으로 추정된다. 3인은 아산 염치의 백암리를 중심으로 이웃인 대동리, 송곡리 등에 나누어 살며 서로 빈번하게 왕래하고 각별하게 교류하는 사이였다.

홍가신은 선조 말년에 개성 유수로 사환하다가 관직을 버리고 배를 타고 아산으로 낙향하였다. 광해군 초에는 집권 세력인 북인 정권과 갈등을 빚는 속에서 아산에 퇴거하여 생활하였다. 그는 서울에서 오랫동안 수학하는 과정에 서화담의 계열인 민순(閔純)을 사사하며 성리학을 공부하였고, 이황을 찾아뵙기도 하고, 유성룡(柳成龍), 이발(李潑)·이길(李洁) 형제, 허엽(許曄)의 아들들(허봉, 허균)과 깊이 교류하였다. 또한 이이(李珥)에 대해서도 우호적인 입장을 보였다. 이렇게 남인, 서인, 북인과 밀접한 인적 네트워크를 보이면서도 대북(大北) 세력의 중심인 정인홍(鄭仁弘) 계열과는 친밀하지 않았다.[123]

이덕민은 백암리에서 출생해 학업을 닦은 처사(處士)형 인물이었다. 그의 조부 이홍간(李弘幹)은 약관의 나이에 과거 급제하였고, 방정하고 엄숙하여 대절(大節)이 있다고 평가되는 인물이었다. 조광조(趙光祖)·김정(金淨)과 도의(道義)로 교유하였고, 기묘년(己卯年, 1519년 중종 14년)과 을사년(乙巳年, 1545년 명종 즉위년) 무렵에 사림 숙청에 항의하다가 연좌되어 승문원·춘추관을 거쳐 수령(守令)으로 내침을 받아 절충장군(折衝將軍) 상호군(上護軍)으로 생애를 마쳤다. 이름이 기묘당적(己卯黨籍)에 들어갔을 정도로 중종대 사림파의 일원이었다.[124]

홍익현도 조부가 기묘명현(己卯名賢) 홍사부(洪士俯)이고, 아버지는 첨정(僉正) 홍정(洪靜)이다. 따라서 당시 아산의 유력한 유림(儒林)인 3인이 조광조와 중종대 기묘 명인과 밀접한 연관을 가지고 있다고 할 수 있다.

이러한 분위기에서 오현을 숭앙하여 이들을 문묘에 종사토록 하자는 유림사회의 요청이 조정에 답지함에 따라 문묘종사 문제는 조정에서 큰 논란의 중심이 되었다. 『신정아주지(新定牙州誌)』에 의하

---

123 김일환, 「임진왜란기의 활동」, 『만전당 홍가신의 삶과 철학』, 보고사, 2023.
124 신항수, 「인산서원에 배향되었던 송파 이덕민」, 『아산의 유학의 여러 모습』, 지영사, 2010.

면 아산 유림의 다수가 오현 종사를 요청하는 상소를 수차례 올려
도 요청이 수락되지 않아 아산 유림들은 자체적으로 추향하는 서원
의 건립을 결정하였다고 한다. 이런 노력은 오현의 문묘종사를 압
박하기 위한 수단이었고 문묘종사가 실현될 때까지 한시적으로 이
루어진 활동이었다. 이러한 오현서원의 건립운동은 결실을 맺어
1610년(광해 2) 건립되었다. 이런 활동은 당시 아산지역을 연고로
하는 아산 사회가 자기 정체성을 처음으로 확보해 나가는 행동으로
보인다.[125]

---

125 新定牙州誌』仁山書院. 仁山書院 在縣西南八里 我朝五賢 未從祀時 縣中多士
屢陳從祀疏 竟未蒙允 多士私自議建書院以祀之 逮光海時 五賢從祀文廟後 仍存
不廢 正位寒暄堂金宏弼一蠹鄭汝昌靜菴趙先祖晦齋李彦迪退溪李滉 又以謫客
復齋奇遵邑先生土亭李之菌鄉賢晚全洪可臣松坡李德敏潛治朴知誠爲東西配位
春秋祭享時 祭物自官封進 魚鹽以中方浦往來船隻收稅差應 東齋 齋都有司一員
掌議二員 色掌二員 以士族薦定 西齋 任名堂掌二人 以院生差定 守僕一名 東西
齋庫直各一名 院生十五人 院保直三十名 復戶一結 院位田土 載院案 左右柴場及
果木禁養等節有完文 康熙 癸酉知縣尹弼殷聽奸佞人陰嗾以爲五賢非此地人書
院不當設於此地欲毀之進士洪觀貼書峻責其略曰仄聞城主有欲毀書院之意此果
上司之公事歟道臣之分付歟若出於禮部之所關方伯之所帖而城主了無干涉於其
間則當詳察士論之從違徐觀傍邑之處置而爲之未晚今乃汲汲然有督迫擧愚竊以
爲過矣藉曰是方伯意也云爾則 道內書院比比有之獨致憎於本邑安欲毀撤也哉藉
曰是 禮曹關子而且從祀 文廟者皆不當別享書院云爾則非徒不近情理亦勢有所
不行五先生祀宇無慮半一國楊州之道峯書院龍仁之慕賢書院與夫安東之驪江尙
州之道南 亦當毀撤於一時乎 果以從祀 文廟爲準而不許別享則卽今所論二先生
日後從祀之後海州坡州等書院並皆撤去而星州之川谷江陵之邱山皆不復遺矣噫
嘻亦太甚矣諸院並依舊而催督驅脅之事惟本邑有之是以遠近瞻聆咸以爲毀院者
非禮曹也非方伯也外方云云之議已萃於閣下之身雖家置一喙恐不能自解矣愚以
爲欲辨非漁之名莫若捨網罟而人自信也方今琳宮梵宇照耀湖山而公卿搢紳略不
訶禁或有助成其功役者至於學宮則視之 如秦越待 之如 仇讐至欲焚毀而後已有
志斯文者寧不慨然 若是縷縷者誠以世道之升降政化之汚隆係焉受知於閣下深矣
寧可坐視而不一言以負閣下哉惟閣下財擇焉 弼殷遂沮 士論快之.

1610년(광해 2) 7월 26일 전국적인 사림의 요청에 승복한 국왕이 오현의 문묘종사를 승낙하는 것으로 결정이 되자[126] 아산의 오현 서원도 아연 활기를 띠었음에 틀림없다. 하지만 오현 문묘종사가 실현된 이후에도 오현서원은 철훼하지 않고 정식 서원으로 재출범하였다. 그 결과 아산 출신의 향현(鄕賢)을 추배하는 노력을 하였고, 그것이 홍가신의 사후에 그를 아산의 대표적인 유현(儒賢)으로 1619년(광해 11)에 오현서원에 추배하는 것으로 결정되었다. 홍가신은 당시 아산을 대표하던 명망가로 이몽학의 난을 진압한 청난공신(淸難功臣) 1등이었고, 그의 근실(勤實)함으로 조야의 신망이 두터운 인물이었다.

하지만 이후 오현서원은 오랜 침체기에 빠짐을 알 수 있다. 이유는 첫째 오현이 문묘에 배향됨에 따라 성균관 문묘뿐 아니라 전국의 향교에도 오현이 배향되어 제향(祭享)되고 있었다. 따라서 오현을 주 배향하는 서원의 의미가 퇴색할 수 밖에 없었다. 둘째는 오현과 관련해 전국에 산재된 서원 중에 먼저 사액을 받은 곳이 많아 아산 오현서원의 사액 요구와 추배 문제는 오랫동안 해결되지 못한 채 방치된 것이다.

그 결과 44년 동안 특별한 변화가 없다가 1663년 당시 아산현감 윤필은(尹弼殷)에 의해 오현의 철향(撤享)과 서원 훼철 논란이 발생함에 따라 오현서원은 새로운 전환점을 맞이하게 되었다. 현감 윤필은은 오현서원의 배향자들이 아산과 지역적 연고성이 없는 인물들

---

126 『광해군일기[중초본]』 11권, 광해 2년 7월 26일(기사).

이라 철향하고 서원도 훼철해야 한다는 것이었다. 이것은 오현서원의 배향자에 대해 불만과 이의를 제기하는 지역 인사들의 요구를 수용하면서 비롯된 것으로 보인다. 아마 오현서원에 추배할 향현 선정 문제로 이 지역 유림들 사이에 갈등이 발화(發火)된 것이 아닌가라고 짐작된다.

이 문제가 대두하자 향현으로 단독 배향되어 있던 홍가신의 후손들이 항의할 수 밖에 없었다. 그 인물이 홍가신의 증손자인 홍기(洪覲: 1634(인조12).1.2~1674(현종 15).2.8)였다. 홍기의 조부는 홍가신의 4자인 홍비(洪棐, 1574~1636)로 이순신의 사위이고, 부친은 홍우기(洪宇紀)였다.[127] 홍기는 24세이던 1657년(효종 8) 식년 진사시[128]에 급제하고 33세이던 1666년(현종 7) 식년 문과[129]에 급제하여 함경도 도사, 병조좌랑, 지제교를 역임했는데 불행하게도 41세로 사망하였다.

홍기가 30세이던 1663년에 오현서원 훼철 논란이 발생했다. 홍기는 이러한 논의가 다른 지역의 종사 사례들, 예를 들어 양주 도봉서원, 용인 모현서원, 안동 여강서원, 상주 도남서원 등을 보아 타

---

127 홍우기는 1665년(현종 6)에 현종이 질병치료를 위해 온양행궁에 목욕하러 왔을 때 실시한 온양정시에서 장원으로 급제하였다. 아들 홍기보다 1년 먼저 문과 급제한 것이다.

128 효종 8년 丁酉 式年試 [진사] 三等 5위(35/100).

129 현종 7년 丙午 式年試 丙科 19위(29/38) 홍기는 金錫胄와 각별한 사이로 두 사람은 사마시 진사과 동방이며 김석주가 장원으로 급제하였다. (金錫胄 息庵先生遺稿卷之八/記) 김석주의 조부는 金堉으로 김육은 홍기의 진외증조부인 이순신의 신도비(李統制忠武公神道碑銘)를 지은 인물인데 홍기의 부인 홍우기의 청으로 김육이 이순신 신도비를 지었다한다.

당한 것인가를 지적하고 있다. 또 이것이 국가나 관찰사의 지시나
협의한 결과인가를 힐난하였다. 선조 말(末)이 되면 정부 차원에서
이미 서원 남설(濫設)에 대한 우려가 크게 증대하는 상황이라 훼철
논의는 일정한 이유가 있다고 보인다. 하지만 그 선후는 알 수 없지
만 윤필은이 그해 12월 궁가(宮家)의 토지 과점에 대한 문제로 발생
한 독직(瀆職) 사건에 연루되어 파직됨에 따라 이 문제는 일단 덮어
진 듯하다.[130]

하지만 이 훼철 요구 문제는 아산 유림들에게도 큰 충격을 주어
곧 추배 논의가 다시 재개되었다. 그러나 인물 선정이 난산(難産)이
었던지 오현 철향이 논란된 5년 후인 1668년(현종 9)에야 아산과 연
관된 선현(先賢) 중에 기준(奇遵, 1492~1521), 이지함(李之菡, 1517~
1578), 이덕민(李德敏, 1543~1618), 박지계(朴知誡, 1573~1635) 등 4인
의 추향(追享)이 결정되었다. 사실 이것은 신병 치료를 위해 온양온
천을 방문하는 현종의 4차 온행(溫幸)을 앞두고 국왕에게 사액을 받
기 위한 노력의 일환이었다.

그런데 홍가신의 추배 이후 두 세대가 지난 1668년의 인산서원
추배 인물을 보면 성향이 약간 달라졌음을 보여준다. 추배 인물들의
아산과 연관성을 많이 따진 듯 하지만 오현과의 관련성도 많이 참작

---

130 尹弼殷은 益山출신의 파평윤씨이다. 1656년(효종 7))에 별시문과에 급제하였
다. 南九萬과 동방이다. 부친은 유학 尹聖任이다. 형은 尹就殷이고, 동생은 尹輔
殷·尹相殷이다. 부인은 李以省의 딸이다. 1663년(현종 4)에는 牙山縣監으로
재직 중이었는데, 執義 宋時喆로부터 청탁을 들어주며 사사롭게 재물을 모은다
는 죄목으로 탄핵당하여 아산현감에서 파직되었다.(『현종개수실록』 10권, 현종
4년 12월 20일 계축)

된 듯하다. 주향 5현이 영남 사림이었던 것과 비교하면 추배 인물들은 대부분 기호 사림에 속하는 인물들이라는 점이다.

우선 기준(奇遵)은 중종대 사림파 인물로 기묘사화 때 피화되어 아산에 유배되었던 인물이었다. 오현 중에 조광조(趙光祖)와 깊은 인연이 있었다. 사림세력이 조선 성리학의 도통론을 정립하며 김굉필, 정여창, 조광조를 추앙할 때 아산에 유배 와서 아산과 연고를 맺은 기준(奇遵)이 위 삼인(三人)과 학통상 가장 가까운 인물이었다. 나아가 아산에서 기준의 망명 사건이 일어났고, 그 때문에 이배(移配)되었던 온성에서 죽임을 당해 짧은 생애를 마감해야 했던 사실이 후대 아산 유림들에게 깊은 동정을 받았던 것으로 보인다.

이덕민(李德敏)은 우계 성혼(成渾)의 문하에서 수학한 인물이고 백암리에 거주한 유현(儒賢)으로 지역적 연고성이 강하며 홍가신과도 각별히 교유한 관계였다는 점이 추향자로 인정된 것으로 보인다. 이지함(李之菡)은 학문 성향은 화담 서경덕의 문인이지만 서인인 조헌(趙憲)의 스승이었다. 아산 현감으로 부임하여 모범적인 목민관(牧民官)의 자세를 보여 아산 주민들에게 중망(重望)이 높던 인물이었다.

박지계(朴知誡)는 광해군 초에 신창으로 낙향한 경화 사족으로 김장생(金長生)과 함께 예학(禮學)의 종장(宗匠)이었다. 사환을 거부하고 성리학 연구에만 몰입하였던 인물로 아산과 지역적 연고성이 강하고 정치적으로 서인이었다. 아산지역이 취약한 강학을 통한 문인 양성을 통해 학통적 기반을 최초로 확보할 수 있었던 성리학자였다.[131]

2) 여타 서원에서 기준의 추향

기준의 사후 그에 대한 추중은 1666년(현종 7) 8월에 그의 배소였던 온성의 충곡서원(忠谷書院)에 병향됨을 시작으로 1668년(현종 9)에 아산 염치면 서원리에 있는 인산서원(仁山書院)에 추배되었다. 1696년(숙종 11) 10월에는 함경북도 종성에 세워진 부계서원에 배양되었고 이 서원은 사액되었다.[132] 1746년(영조 22) 9월에 영의정 김재로(金在魯)의 건의로 기준은 윤자임, 한충, 박세희 등 사림파 동료들과 함께 증직과 증시를 받았다. 증직은 이조판서(吏曹判書)[133]이고 증시는 문민공(文愍公)이다.[134]

<표 5> 기준을 배향하는 서원

서원명	건립년도	소재지	비고
仁山書院	1610년(광해군 2) 건립	忠南 牙山 염치면 서원리	1619년(광해 11) 홍가신 추배 1668년(현종 9) 기준, 이지함, 이덕민, 박지계를 추배 1871년(고종 8) 훼철
忠谷書院[135]	1606년(선조 39) 건립, 사액	咸鏡 穩城	1606년(선조 39)에 지방유림의 공의로 奇遵의 학문과 덕행을 추모하기 위해 향교 경내에 服齋祠를 창건하여 위패를 모셨다.

---

131 김일환, 「潛冶 朴知誡의 삶과 행적 연구」, 『지방사와 지방문화』 24-2, 역사문화학회, 2021.

132 『숙종실록』 권16, 숙종 11년 10월 15일(임인) ;『숙종실록』 권31, 숙종 23년 11월 24일(경자).

133 『영조실록』 권64, 영조 22년 9월 6일(기해).

134 『승정원일기』 1376책, 영조 52년 2월25일(정묘).

			1666년(현종 7) 8월에 장충동으로 이건하였고, 1702년(숙종 28)에 金德誠과 俞棨를 추가 배향하면서 충곡서원으로 개편되었다.[136]
鍾山書院 [137]	1666년(현종 7) 건립[138] 1686년(숙종 12) 사액	咸鏡 鍾城 涪溪	일명 鍾城書院이라고도 한다. 1666년(현종 7)에 지방유림의 공의로 奇遵·柳希春·鄭曄·趙錫胤·俞棨의 학문과 덕행을 추모하기 위해 十州都會書院을 창건하여 위패를 모셨다. 그 뒤 1669년에 鄭汝昌, 1684년(숙종 10)에 鄭弘翼을 추가 배향하였다. 지방유림이 會寧書院을 이 서원에 통합할 것을 건의하여 1686년 '鍾山'이라 사액되어 종산서원으로 명칭을 변경하였으며, 회령서원에 봉안되었던 金尙憲과 鄭蘊을 추가 배향하였다. 그 뒤 다시 閔鼎重과 南九萬을 추가 배향하였다.
文峰書院	1688년(숙종 14) 건립 1709년(숙종 35) 사액	京畿道 高陽市 문봉동 빙석촌 마을	1865년(고종 2) 훼철
秋山書院	1677년(숙종 3) 창건	전라남도 장성군 황룡면 장산리	奇虔을 주벽으로 하고 奇遵, 奇孝諫, 奇挺翼, 趙纘韓 등을 배향 1868년(고종 5)의 서원철폐령 이전에 이미 철폐된 상태

---

135 『輿地圖書』下, 咸鏡道(關北邑誌) 咸鏡北道穩城都護府 學校.

136 『비변사등록』 8집, 영조 4년 2월 20일.

137 『숙종실록』 권16, 숙종 11년 10월 15일(임인).

138 『輿地圖書』. 함경도 함경북도 종성부읍지 墓壇條에는 종산서원이 1667년(현종

9. 맺음말

복재 기준(奇遵)은 조선 중종대 조광조와 함께 자기 시대의 사회적 모순을 개혁하기 위해 열정을 보였던 개혁사상가였다. 연산군의 폐정으로 무너져 버린 사회질서를 바로 잡고 삼대(三代)의 요·순정치를 현실에 구현하려고 시도한 이상주의적 사림파 인물이었다. 10대부터 성리학 공부를 통해 자신의 꿈을 키웠고 출사한 이후 동료 사림세력과 함께 개혁 정치의 선구자로 나섰던 것이다. 열정이 큰 만큼 개혁의 의지도 강했지만 훈구파로 지칭되는 집권 세력의 벽을 넘지 못하고 기묘사화의 발발로 그의 꿈은 좌절되었다. 겨우 20대 말의 젊은 나이에 감당키 어려운 정치적 좌절을 경험하고 유배지 아산과 온성에서 외롭고 쓸쓸한 고통스런 유배생활을 보낸 뒤 망명자라는 멍에를 쓰고 결국 죽음의 길에 나아갔다.

아산(牙山)은 기준의 첫 유배지라는 장소성으로 인해 그와 역사 속에 지울 수 없는 인연을 맺었다. 비록 온성으로 이배(移配)될 때까지 불과 1달여 정도 머물던 짧은 시간이었지만 그의 일생 중 가장 고통스럽고 신산(辛酸)했을 아산의 유배 생활은 이곳에서 발생한 소위 망명 사건으로 인해 그의 생애에서 지울 수 없는 장소가 되었다. 이것이 밀미가 되어 결국 죽음으로 짧은 생을 마감하게 되었기에 아산은 그의 생이 종료되는 단초를 제공한 장소이기도 한 것이다. 이런 인연으로 기준은 1668년 아산에 있는 인산서원(仁山書院)에 추

---

8)에 창건되었고 1686년(숙종 12)에 사액되었다고 한다.

배인물로 배향되어 아산역사의 일부가 되었다. 하지만 인산서원도 1871년 대원군의 서원철폐령으로 인해 훼철되어 사라졌다. 이제는 다만 문헌 속에서만 남아 그의 꿈과 좌절, 절망과 회한(悔恨)을 우리에게 알려주고 있을 뿐이다.

복재(服齋) 기준(奇遵)의 정치 활동과 기묘팔현(己卯八賢)으로서의 위상

송웅섭

1. 머리말

사신은 논한다. 한때의 홍문관 동료 중에서 기준이 가장 젊었으나, 문학이 넉넉하여 그 명성이 조광조 다음이었다. 강개하여 일을 논하면 고려하는 바가 없었고, 늘 임금 앞에서 언론을 격렬하게 하여 사람들의 귀를 용동시켰으나 대신들은 대부분 그를 미워했다.[1]

위 기사는 기묘사림의 활동이 왕성했던 1517년(중종 12) 10월 기준에 대한 사관의 평가이다. 이 무렵 조정은 수원부사로 있던 이성언이 신씨복위소 사건 당시 대사간으로서 현실론을 제기했던 이행을 옹호하는 상소를 올려 소란스러웠다.[2] 이때 기준은 병석에서 이성언을

---

1 『중종실록』 권30, 중종 12년 10월 30일(임신).
2 『중종실록』 권30, 중종 12년 10월 10일(임자).

임사홍과 유자광에 비유하며 엄형에 처할 것을 요청하는 상소를 올렸
는데, 사관이 위와 같은 논평을 실었던 것이다. '홍문관원 가운데
가장 어렸지만 문학이 넉넉하고 언론이 강개해 동료들로부터는 인정
을 받았으나, 대신들 대부분으로부터는 미움을 받았다'는 평가를 통
해, 강렬했지만 비극적인 운명을 맞았던 그의 삶을 가늠해 볼 수 있다.

복재 기준(1492~1521)은 기묘사림의 일원으로서 훗날 기묘사림
가운데서도 팔현(八賢)으로 추앙받았던 명현(名賢)이다. 그동안 기
준에 대해서는 도학에 기반한 정치사상을 분석한 연구를 비롯해,[3]
기준의 가계와 학문적 경향, 기묘사화에서의 피화 및 복권 과정을
검토한 연구가 진행된 바 있다.[4] 그리고 고전 문학 분야에서는 기준
의 문집인 『복재집(服齋集)』에 수록된 작품들을 분석해, 그의 시가
인간 본연에 대한 회복을 추구하는 사림파 문인으로서의 특징을 갖
고 있고,[5] 당시풍에 기반하면서도 비장미를 드러내고 있음을 지적
한 연구 성과가 있다.[6] 아울러 유배기의 작품들과 기행시를 분석해
기준의 심리와 정서에 대해 검토한 연구도 이루어졌다.[7]

본고는 선행 연구들의 성과 위에서 기준의 정치 활동과 사후 평

---

3 김기현, 「복재 기분의 도학사상」, 『민족문화』 5, 한성대학교 민족문화연구소, 1991.
4 김일환, 「복재 기준의 생애와 정치활동」, 『아산의 역사 문화 연구』, 보고사,
   2021.
5 김종진, 「복재 기준의 시에 대한 고찰」, 『향토문화연구』 4, 원광대향토문화연구
   소, 1987.
6 여운필, 「복제 기준의 시세계」, 『한국한시작가연구』 4, 1999.
7 손유경, 「복재 기준의 유배기 작품에 관한 일고찰」, 『한문교육연구』 34, 2010.
   ; 유진희, 「복재 기준의 기행시 연구」, 『한국한문학연구』 75, 2019.

가 부분에 초점을 맞추어 연구를 진행하고자 한다. 일반적으로 기묘사림은 조광조의 정계 진출을 계기로 정치세력으로서의 행보를 시작한 것으로 이해하고 있다.[8] 조광조의 정계 진출은 기묘사림의 활동에 있어서 매우 중요한 요소임에는 틀림없다. 하지만 기묘사림의 결집 및 활동을 지나치게 조광조에 기대어 설명하는 것은 당시 상황을 이해하는 데 한계로 작용할 수 있다. 시야를 좀 더 확대해 이들 전반이 처해 있던 상황과 그것이 어떻게 정치세력의 결집으로 이어졌는지도 고민해 볼 필요가 있다.

기준은 그 같은 측면을 살펴보는 데 매우 유용한 인사라 할 수 있다. 기준은 조광조 보다 조금 일찍 출사해 조광조 세력의 결집 계기가 되었던 신씨복위소 사건에서 매우 중요한 역할을 담당했다. 또한 신씨복위소 사건 이후에는 경연관으로서 중종에게 도학에 기초한 至治의 실현을 적극적으로 설파했다. 그리고 기묘사화에서는 핵심 인사로 지목되어 유배되었다가, 이후 벌어진 사건들로 추죄(追罪)되어 죽음에 이르렀으나, 사후에는 기묘팔현(己卯八賢)으로 추앙되었다.

이에 본고에서는 기준이 조정에 등장한 이후의 활약상을 신씨복위소 사건을 중심으로 검토하고, 아울러 홍문관에 재직하면서 경연관으로서 제기했던 주장들을 분석한 뒤, 마지막으로 기묘사화 발생 이후 기준의 피화(被禍) 양상과 신원 및 현창 과정에 대해 살펴보기로 하겠다. 기묘사림의 일원이었던 기준의 정치적 행보와 지향, 그리고 피화와 신원 양상 등을 통해, 기묘사림에 대한 이해가 보다 풍

---

8 이병휴, 『朝鮮前期畿湖士林派硏究』, 일조각, 1984.

부해지는 계기가 되기를 희망한다.

2. 신씨복위소 사건에서의 양시론 비판

기준은 대대로 사환 길에 오른 행주 기씨 가문 출신으로,[9] 1513년 (중종 8) 22세의 나이로 문과에 합격했다. 기준의 관직 생활은 청요직에서 거의 벗어나지 않았던 청요직 관료 중에서도 흔치 않은 면모를 보이고 있다. 기준이 경유했던 관직은 승문원 부정자를 시작으로 홍문관 정자-저작-수찬-부교리-부응교를 거쳐 사헌부 장령을 경유한 다음, 의정부 검상직에 제수되었으나 계속해서 경연관으로 참여할 수 있도록 장령직에 유임되었다. 장령직 유임 결정 직후 다시 홍문관 직제학에 제수되었는데, 이는 중종이 직접 내린 처분이었다.[10] 하지만 그가 너무 젊고 승진이 빠르다는 대간의 반대로 홍문관 응교로 개정되었는데,[11] 그로부터 3개월 가량 후에 기묘사화가 일어나, 홍문관 응교직은 그의 최고 관직이 되었다.

『경국대전』을 기준으로 청요직을 분류할 경우 아래와 같은 개념도를 작성할 수 있는데, 이를 통해 기준의 관직 경유 과정을 보다

---

9 기준의 가문 배경과 관련한 자세한 사항은 다음의 논문이 참고가 된다. 김일환, 「복재 기준의 생애와 정치활동」, 『아산의 역사 문화 연구』, 보고사, 2021, 115~122쪽.

10 『중종실록』 권36, 중종 14년 7월 13일(갑진).

11 『중종실록』 권36, 중종 14년 7월 16일(정미).

입체적으로 확인할 수 있다.

<표 1> 경국대전 기준 청요직 개념도[12]

관서\품계	홍문관	사간원	사헌부	예문관	승정원	의정부	이조예조병조	세자시강원	승문원	교서관	성균관
정1품	영사(겸)1			영사(겸)1		삼정승각1	사1(영의정)부1(의정)				
종1품						좌우찬성각1	이사1(찬성)				
정2품	대제학(겸)1			대제학(겸)1		좌우참찬각1	판서1	좌우빈객각1			지사1
종2품	제학(겸)1		대사헌1	제학(겸)1			참판1	좌우부빈객각1			동지사2
정3품	부제학1	대사간1			승지6		참의1			판교1	대사성1
정3품	*직제학1			직제학(겸)1					판교1		
종3품	전한1	사간1	집의1					보덕1	참교1		사성2
정4품	⑩응교1		⑨장령2	응교(겸)1		사인2		필선1			사예3
종4품	⑧부응교1								교감1		
정5품	교리2	헌납1	지평2			*검상1	정랑3	문학1			직강4
종5품	⑦부교리2								교리2	교리1 별좌1	
정6품	⑥수찬2	정언1	감찰13				좌랑3	사서1	교검2	별제	전적13
종6품	⑤부수찬2									별제	
정7품	④박사1			봉교2	주서1			설서1	박사2	박사2	박사3
종7품											
정8품	③저작1			대교2	사록2				저작2	저작2	학정3
종8품											
정9품	②정자2			검열4					정자2	정자2	학록3
종9품									①부정자2	부정자2	학유3

*는 제수되었으나 개정된 관직이다.

12　송웅섭, 「조선 전기 청요직의 위상과 인사이동 양상」, 『한국사상사학』 55, 2017, 13쪽.

조선 전기의 경우 일반적으로 문과 합격 이후 삼관(승문원·교서
관·성균관)에 임시로 분속된 후 정식으로 관직 배정을 받게 된다. 이
때 청요직에 배속되는 사람과 그렇지 않은 사람으로 나뉘게 되고,
청요직이 아닌 관직에서 활동하던 관료 가운데 일부가 청요직으로
들어오기도 했다. 기준의 경우 첫 출발부터 삼관 가운데서도 승문원
에서 시작해, 청요직 중의 청요직으로 꼽히는 홍문관에서 대부분의
관직 생활을 보내고 있음을 볼 수 있다. 기준의 관직적 위상을 고려
할 수 있는 부분이다.

한편, 기준이 출사한 지 얼마 되지 않았을 때 장경왕후가 사망하
는 일이 일어났다.[13] 그리고 왕후의 사망을 계기로 청요직들로부터
대신과 재상에 이르기까지 조정 전체가 커다란 내홍을 겪게 되는
데, 이른바 신씨복위소 사건이 일어났기 때문이다. 신씨복위소 사
건의 발단은 재변으로 인한 구언(求言) 전교에 따라,[14] 담양부사 박
상과 순천 군수 김정이 폐위된 신씨를 복위시켜야 한다는 내용의
상소를 올린 데서 비롯되었다.[15] 이 상소에 대해 대사헌 권민수·대
사간 이행을 비롯한 전 대간은 신씨복위소를 '사특한 논의'라 규정
하며, 이들을 의금부에 하옥하고 상소를 올린 저의를 추고하도록
요청했다. 이에 구언에 따른 응지상소라는 이유로 추문(推問)을 주
저하고 있던 중종은, 대간의 요청에 힘입어 박상과 김정의 체포와

---

13 『중종실록』 권21, 중종 10년 3월 2일(기미).
14 『중종실록』 권22, 중종 10년 6월 12일(정묘).
15 『중종실록』 권22, 중종 10년 8월 8일(임술).

추고를 명했다.[16]

　대간의 처벌 요청과 중종의 허락을 시작으로 조정에서는 근 1년 가까운 시간 동안 박상과 김정의 처벌을 놓고 분쟁에 빠지게 된다. 일단 두 사람은 의금부에 하옥되어 조사를 받은 뒤, 각각 남원과 보은으로 유배되었다.[17] 유배 결정 전후로 대신과 홍문관에서는 구언 전교에 따른 응지상소를 올린 일에 대한 처벌은 언로를 막히게 하는 일이라며 용서해 줄 것을 요청했으나 허락되지 않았다.

　박상과 김정의 유배로 일단락 되었던 이 사건은 조광조가 사간원 정언에 제수되면서 새로운 방향으로 흘러가게 된다. 조광조는 상소의 내용과 관련한 시비 문제는 거론하지 않은 채, 대간에서 두 사람의 처벌을 제기한 것을 문제 삼았다. '언로의 보호'에 최선을 다하는 것이 대간의 사명인데, 그런 대간에서 일반 상소도 아닌 구언에 따른 응지상소를 문제 삼은 것은 명백한 잘못이라며 대간 전체의 체직을 요청했다.[18]

　조광조의 대간 탄핵은 큰 파장을 일으켰다. 무엇보다 이행과 권민수를 수장으로 하는 대간 전체가 체직되었다. 공론 제기의 전제 위에서 언론 활동을 했던 대간은 조그마한 혐의에도 피혐(避嫌)하는 관행이 있었기 때문이다. 그리고 새롭게 제수된 대간원 사이에서도 '박상·김정 탄핵의 불가피함' vs '언로 보호'의 입장 간에 충돌이 일

---

16 『중종실록』 권22, 중종 10년 8월 11일(을축).
17 『중종실록』 권22, 중종 10년 8월 23일(정축) ; 24일(무인).
18 『중종실록』 권23, 중종 10년 11월 20일(임인) ; 22일(갑진).

어나며 서너 차례에 걸쳐 양사 모두가 체직되는 소요가 일어났다. 특히 대간 내부에서 시비 문제가 불거졌을 때 조정자 역할을 했던 홍문관이 양시론을 제기해, 양시론에 대한 입장을 놓고 청요직들 사이의 논란이 한층 격화되었다. 결과적으로 이 문제는 홍문관의 양시론이 잘못되었음이 확인되고, 박상과 김정의 방면과 재서용이 이루어지며 마무리되기에 이른다.[19]

1515년(중종 10) 8월에 시작된 신씨복위소 사건은 소위 기묘사림으로 분류되는 인사들의 결집과 정파적 활동을 시작하게 했다는 점에서 매우 중요한 의미가 있다. 조광조는 일단락되었던 이 사건을 재론하면서 결과를 뒤집는 계기를 마련했다. 그의 양사 탄핵으로 청요직 전체가 논란에 빠지기는 했지만, 결과적으로는 시비를 바로 잡고 언로를 보호하는 데 일조했다는 평가를 받으며 조광조는 청요직 인사들의 구심점으로 부상했다.

기준 역시 홍문관원으로 재직하면서 신씨복위소 사건의 한 복판에 서게 된다. 한편으로는 이 사건에 휘말리면서도 다른 한편으로는 조광조를 중심으로 세가 결집하는 데 일조했다. 사실, 기준은 신씨복위소 사건이 발생했을 당시만 해도 홍문관의 다른 관원들과 함께 보조를 맞추고 있었다. 당시 홍문관에서는 박상과 김정의 상소에 대해 '국가 중대사에 매우 경솔했고, 그렇기 때문에 그들의 망언에 대한 대간의 청죄(請罪)는 불가피하다'는 입장을 피력했다. 다만, 구언으로 인한 상소인 만큼, 언로를 보호하는 차원에서 너그럽게 용서해

---

19 송웅섭, 「기묘사림과 '공론지상주의'」, 『역사와 현실』 108, 2018, 69~71쪽.

줄 것을 요청했다. 기준 역시 다른 홍문관원들과 함께 사건 초반부
에는 두 사람에 대한 대간의 청죄의 불가피함을 인정하고 있었다.[20]
　하지만 기준은 처음의 입장과는 달리 언로 보호의 문제를 강조하
며 대간의 청죄에 문제가 있음을 언급하기 시작했다.

> **전경 기준**이 아뢰기를, "이제 대간은 '종사에 관계되므로 언로를 생
> 각할 겨를이 없다.' 하나 신은 이렇게 생각합니다. 언로가 어찌 종사 밖
> 에 있겠습니까? … 그러나 말할 일이 있는데도 사람들이 감히 말하지
> 않으면 반드시 나라를 잃게 될 것이요, 구언하고서도 문득 죄주면 아마
> 도 언로가 이로부터 막히게 될 것입니다." … **(지평) 채침**이 아뢰기를,
> "기준의 말은 사체를 헤아리지 않고서 아뢴 것입니다. 대간이 언로를
> 생각하지 않은 것은 아닙니다. … 이는 큰일이므로 인심을 안정시키고
> 자 대간이 그렇게 아뢴 것이요, 언로가 종사 밖의 것이라 하여 감히 아
> 뢴 것은 아닙니다. 기준의 말은 매우 계교가 없습니다."[21]

　기준은 이날의 경연에서 대간의 처벌 요청이 종사를 보호하기 위
한 불가피한 처사라는 기존의 입장에서 비켜서서, 언로의 확보 역시
종사를 보호하는 일이라는 사실을 피력하며 대간의 청죄가 문제가
있음을 지적했다. 하지만 사헌부 지평 채침은 대간이 언로의 보호를
생각하지 않은 것은 아니며, 국본이 정해진 상황에서 현실적인 면을
고려하지 않을 수 없다는 기왕의 입장을 재차 확인하고 있다. 그러
면서 기준을 가리켜 '계교(計較)'가 없다고 비판했다.

20　『중종실록』 권22, 중종 10년 8월 22일(병자).
21　『중종실록』 권23, 중종 10년 9월 13일(병신).

기준에 대한 채침의 비판은 대간의 박상 등에 대한 청죄가 종사를 보호하기 위한 불가피한 처사였음을 변명하는 것이었지만, 언관들이 응지상소를 문제 삼아 처벌을 주장했다는 사실은 언관 본연의 입장에서는 적지 않은 부담이 되고 있음을 볼 수 있다. 그렇기 때문에 기준의 발언에 민감하게 반응하면서 비난한 것이라 할 수 있다.

한편, 조광조의 상소를 계기로 대간 전체가 체직되는 일이 되풀이되는 과정에서, 홍문관에서는 '종사 보호'를 내세운 전 대사간 이행 등의 입장과 '언로 보호'를 주장한 조광조의 입장 모두가 옳다는 양시론을 제기했다.

> 홍문관 부제학 김근사·직제학 김안로 … 정자 정응·기준 등이 아뢰기를, "… 전 대간이 죄를 청한 것은 종사의 대계를 위한 것이므로 신 등이 대간을 그르다고 하지 않았는데, 이번에 대사간·대사헌·지평·헌납·정언 등을 다 명하여 가셨습니다. 이 사람들은 언로를 위하여 말하였으므로 그 말이 워낙 옳으나, 전 대간이 김정·박상 등을 죄주기를 청한 것도 생각없이 한 일이 아니므로 인심이 의심할 것이며, 또 상의 뜻을 모르고서 큰일인 까닭에 부득이 아뢰었는데, 이 사람들을 모두 그르게 여기는 것은 이미 지나칩니다. 김희수·유보 등이 전 대간을 그르다고 하지 않는 것은 워낙 옳으나, 이제 인심과 위의 뜻이 다 정해졌으므로 언로를 열어야 할 터인데도 도리어 언로를 위하여 논계한 조광조를 그르다고 하는 것도 지나칩니다."[22]

위 기사는 조광조가 신씨복위소를 문제 삼은 대간을 탄핵 한 뒤에

---

22 『중종실록』 권23, 중종 10년 11월 28일(경술).

새로 교체된 대간에서 조광조를 탄핵하자, 이와 관련해 홍문관에서 자신들의 입장을 밝힌 기사이다. 청죄를 요청한 이행 등의 대간을 두둔하면서도, 조광조가 새로운 대간으로부터 탄핵을 당한 것은 지나친 처사라며 조광조 역시 두둔하고 있다. 다시 말해 이날 홍문관에서는 이행과 조광조 모두를 옳다고 하는 이른바 양시론을 제기한 것인데,[23] 이후 홍문관에서는 양시론의 입장에서 이 문제에 대처하는 한편, 유배 간 박상과 김정의 방면 또한 지속적으로 요청했다.[24]

박상과 김정의 방면에 대한 요청이 지속되는 과정에서 사헌부 장령 공서린은 어진 사람을 기용하는 문제를 놓고 이조판서 안당을 두둔하면서 대간과 재상의 부족한 점을 지적해, 대간으로부터 탄핵을 받았다.

> 조강에 나아갔다. **장령 공서린**이 아뢰기를, … "지금 안당이 이조 판서로 있는데, … 안당에게 붙지 않는 자는 다들 그를 그르게 여기고 대신도 더러 그르게 여기고 상께서도 마땅치 않게 여기시니, 이 때문에 안당도 스스로 제 성심을 다하지 못합니다. … 송나라 때의 일을 보면 한기 같은 사람이 대간이 되어서는 어진이를 천거하는 것을 일삼았었는데 **지금의 대간은 인물을 공박할 뿐이고**, … **재상**이 된 자 중에는 나라 일을 밤낮으로 생각하는 자가 없고, … 신이 언관의 직임에 있으므로 감히 시비를 헤아리지 않고서 곧바로 품은 뜻을 아룁니다."[25]

---

23 이 때 양시론을 제기하는 데 합류한 홍문관원 가운데 부제학 김근사와 직제학 김안로 등의 일부를 제외하면 나머지 인사들은 대부분 자신들의 양시론 참여를 잘못으로 인정하며 조광조와 정치적 행보를 같이 하게 된다.

24 『중종실록』 권23, 중종 11년 1월 5일(정해) ; 6일(무자) ; 16일(무술).

안당은 이전에 박상과 김정의 유배 처분이 잘못되었다는 입장을 적극적으로 피력한 일이 있었다. 안당은 대간은 잘못을 규찰하는 역할을, 재상은 국시를 결정하는 역할을 한다고 전제한 뒤, 당시 정부와 육조 모두 두 사람의 처벌을 반대했는데 결국 유배형에 처해졌다며, 이 문제를 질서의 혼란이라는 입장에서 문제 삼은 바 있었다.[26] 그리고 이 발언으로 안당은 대간으로부터 약 40여 일에 가까운 기간 동안 탄핵을 받았고, 그 과정에서 수 차례 이조판서직을 사임하게 된다.[27] 비록 사직이 허락되지는 않았지만 안당은 박상 문제를 놓고 대간의 행태를 비판하다가 집중포화를 당한 전력이 있는 사람이었다. 사헌부 장령 공서린은 그런 안당을 두둔하고 나선 것으로, 이는 안당을 탄핵한 대간의 처사를 비판한 것이자, 궁극적으로는 박상 등을 청죄한 대사간 이행 등의 잘못을 지적한 것이었다.

같은 대간으로서 동료 대간을 비판한 공서린은 탄핵을 받게 되는데, 기준은 바로 그러한 시점에서 공서린을 비호했다. 공서린을 비호한 기준의 논리는 공서린이 '언관으로서 자신의 속마음을 숨김 없이 아뢰었던 것'일 뿐이라는 것이었으나,[28] 전 대사간 이행 등에 대한 불만이 공서린 비호의 배경으로 작용한 것이라 할 수 있다.

공서린 비호로 기준 역시 대간으로부터 탄핵을 받았다. 그 과정에서 대간과 홍문관이 서로 공박하기에 이르고,[29] 홍문관에서도 기

25 『중종실록』 권23, 중종 11년 1월 19일(신축).
26 『중종실록』 권22, 중종 10년 8월 26일(경진).
27 『중종실록』 권23, 중종 10년 10월 8일(신유).
28 『중종실록』 권23, 중종 11년 1월 28일(경술).

준이 다른 홍문관원들과 상의하지 않고 자신의 의견을 전체의 입장
인 양 드러냈다며 그의 체직을 요청하기에 이른다.[30] 중종은 이 문제
의 처결과 관련해 대신들에게 의견을 구했는데, 처음에는 홍문관 전
체의 체직을 명하려다가, 승정원의 중재로 그대로 유임시키는 결론
을 내렸다.[31] 중종이 기준 등의 홍문관원을 유임시킨 일은 결과적으
로 공서린이 이조판서 안당을 비호하며 그를 탄핵한 대사간 이행
등을 비판한 일을 중종이 용납한 처사로 해석될 수 있다는 점에서
의미가 있다. 그리고 중종의 이 같은 처사는 이번 소요가 또 다른
방향으로 전개되는 계기가 되었다.

　기준 등의 공서린 보호 발언을 계기로 청요직들 사이에서 벌어진
소요가 어느 정도 정리되어 갈 즈음, 홍문관 내부에서 양시론에 대
한 비판이 제기되기 시작했다.

> 　**기준**이 아뢰기를, "당초에 대간이 죄를 청하였으므로, 그 시비가 정
> 해지지 못하였는데, 상의 뜻이 만약 시비를 정하였다면 반드시 시끄러
> 운 폐단이 없었을 것입니다. 그러나 **그때에 상이 박상 등의 상소를 정원
> 에 머물러 두고서 거행하지 못하게 하였으므로 대간이 죄를 청한 것이니
> 속히 용서하소서.**" … 상이 이르기를, "시비가 정해지지 않은 것은 불가
> 한 것 중에서 가장 큰 것이다. 이 일은 과연 시비가 있으므로 그 때에
> 홍문관으로 하여금 그 시비를 말하게 하였는데, **홍문관은 당연히 그 시
> 비를 말해야 할 것이로되 양시양비의 말을 하였으니, 무릇 일에 어찌 둘**

29　『중종실록』 권23, 중종 11년 1월 28일(경술).
30　『중종실록』 권24, 중종 11년 2월 6일(정사).
31　『중종실록』 권24, 중종 11년 2월 11일(임술).

다 옳은 이치가 있겠는가? 대간을 자주 체직한 것은 모두 이 때문이다."
… 기준은 아뢰기를, "**당초 하문하실 때에는 창졸간이어서 양시 양비라
고 대답을 하였는데, 이 말은 죽어도 죄가 남습니다. 근일 시비가 번거
로운 것은 다 홍문관의 허물입니다.**"[32]

홍문관의 양시론에 대해 중종과 기준이 나눈 대화이다. 두 사람
의 대화에서 기준이 명확하게 지적했던 사실은 첫째, 대간이 신씨복
위소를 문제 삼아 죄를 청한 것은 잘못이고, 둘째, 중종이 응지상소
처벌 불가의 원칙에 입각해 시비를 결단했으면 청요직 내부의 거듭
된 충돌은 일어나지 않았을 것이라는 점이었다. 이에 중종은 홍문관
에 책임을 떠넘기며 홍문관에서 양시양비의 말을 했기 때문에 시비
가 결정이 되지 않은 것인데, 양시론은 이치에도 맞지 않는다는 입
장을 밝혔다. 이에 기준은 현재와 같은 소요는 홍문관에서 양시론이
라는 잘못된 입장을 제기했기 때문에 가중된 것이라고 확인한 뒤,
자신 또한 홍문관으로서 양시론을 제기할 때 참여했다며 죄를 청하
였다. 얼핏 기준이 중종의 잘못을 지적했다가 자신이 속한 홍문관에
책임이 있음을 고백하게 된 것처럼 보인다. 하지만, 중요한 부분은
홍문관의 양시론은 틀린 것이고, 어느 한쪽이 옳은 것이라면 그것은
구언에 따라 올라온 응지상소는 언로 보호를 위해 처벌해서는 안
된다는 입장이었다. 중종과 기준의 대화는 결과적으로 박상과 김정
에게 최초로 처벌을 제기한 대간의 처사가 잘못된 것임을 확실하게

---

32 『중종실록』 권24, 중종 11년 3월 8일(기축).

정리하는 의미가 있었다.

이 일 이후로 홍문관원 가운데 양시론에 참여했던 관원들은 잇따라 스스로를 자책하며 처벌을 요청하였다.[33] 그리고 이로부터 약 2개월이 지나 신씨복위소를 올려 유배되었던 박상과 김정은 방면되기에 이른다.[34]

이상에서 살펴본 바와 같이 기준은 출사 이후 홍문관에 재직하면서 신씨복위소 사건을 맞닥뜨리고 있었는데, 초반에는 홍문관원 전체의 입장에 따라 박상과 김정의 잘못을 비판하다가, 점차 대간의 청죄가 언로를 경색시키는 처사임을 피력하기 시작했고, 조광조의 양사 탄핵 이후로는 홍문관의 입장에서 벗어나 보다 적극적으로 '언로 보호'의 중요성을 강조하는 한편, 대사간 이행 등의 박상 등에 대한 請罪가 잘못이라는 여론을 청요직 내부에서 확대시켜 나갔다. 그리고 기준의 이 같은 활동은 언로 보호론에 보다 가치를 부여하고 있던 인사들의 세력 결집에 일조하는 것이기도 했다.

3. 지치의 추구와 개혁에 대한 압박

박상과 김정이 방면되고 신씨복위소로 인한 청요직 내부의 갈등

---

33 『중종실록』 권24, 중종 11년 3월 8일(기축) ; 10일(신묘) ; 12일(계사).
34 『중종실록』 권25, 중종 11년 5월 8일(무자).

이 일단락되면서 조광조를 위시해 양시론을 비판한 인사들의 경연과 언론에서의 활동이 점차 두드러져 갔다. 조광조를 비롯해 기묘사림으로 분류되는 인사들은 경연과 언론을 매개로 각종 현안들에서 도학에 기초한 언설들을 펼쳤다. 그에 따라 조정 안에서 도학 담론들이 활성화되고 있었는데, 비단 기묘사림들만이 아니라 대신과 재상들 역시도 기본적인 입장에 있어서는 비슷한 경향을 띠고 있었다. 그 과정에서 홍문관원으로서 경연을 통해 중종과의 접촉 기회가 늘어가고 있던 조광조는 중종으로부터 두터운 신임을 쌓아갔다. 기준 역시 경연관으로 활동하면서 삼대의 지치(至治)를 추구하며 학문의 중요성을 강조하는 입장을 피력하고 있었다.

사실 주희에 의해 집대성된 성리학에서 '학'의 의미는 단순히 훈고적 차원의 공부를 의미한다기보다는, 사회와 정치질서 모두를 아우르는 포괄적 체계로서의 위상을 갖는 것이었다. 즉, 주희가 구상했던 '학'이란 모든 인간과 만물에 공유하는 일리(一理)에 기반한 것으로서, 인간은 '학'을 통해 인간과 만물에 존재하는 리(理)를 궁구하며 좁게는 개인의 심(心)에, 넓게는 사회와 국가에, 궁극적으로는 온 우주에 도덕적 영향력을 미칠 수 있었다.[35] 인간을 비롯해 만물과 온주가 하나의 리에서 파생된 분수리(分受理)로 상호 연결되어 있는 것이라는 입장에서 일 개인이 도학을 통해 리에 대한 온전한 이해와 수행이 이루어질 경우, 그의 도덕적 영향력이 온 우주에 미칠 수 있

---

[35] 민병희, 「주희의 "대학"과 사대부의 사회·정치적 권력: 제도에서 심의 "학"으로」, 『중국사연구』 55, 2008.

다는 세계관이라 할 수 있다.[36]

　따라서 사대부는 사회와 정치질서를 아우르는 학을 연마하고 실현해 나가는 수신제가치국평천하의 주체로서의 위상을 자임하고 있었다. 성리학의 기초를 놓은 인사 중 한 사람이었던 정이(程頤)는 그의 형 정호(程顥)가 '천즉리(天卽理)'의 테제를 주창함으로써 맹자 이래 사라진 '성인의 도'에 이르는 '성인의 학'을 회복시켰고, 그런 측면에서 그들에 의해 재정립된 도학이라는 학문 방법을 통하지 않고서는 성인의 도에 이를 수 없다는 입장을 피력하기도 했다. 그리고 이 같은 입장에서 도학자들은 도학을 연마한 사람만이 성인의 도에 이를 수 있다는 관점을 갖게 되었고, 그렇기에 진정한 치세는 도학을 수련한 사람에 의해서만 이루어질 수 있다는 주장을 하기에 이른다.[37]

　성리학에서는 인간은 보편적 가치로서의 일리(一理)를 서민에서 천자에 이르기까지 모든 사람이 구비하고 있기 때문에, 원론적 측면에서 모든 사람이 도덕적으로 완벽한 성인이 될 수 있다는 이상을 천명하고 있었다. 물론 성인에 이르기 위해서는 도학의 학습 프로그램에 따라야 한다는 전제가 있었다. 모든 인간이 성인될 수 있는 가능성을 갖고 있지만 인간은 기질지성의 불안전한 상태를 벗어나기 위해서는 정학으로서의 도학이 필요하다는 입장이다. 같은 맥락에서 도학의 필요성은 군주 역시 마찬가지였다. 군주라 할지라도

36　김영민, 「성리학의 형이상학―개별 자아의 세계 전유」, 『철학과 현실』 58, 2003.
37　Peter K. Bol, 『역사속의 성리학』, 예문서원, 2010.

인간 본연의 차원에서는 도덕적 자각과 성인이 되기 위한 학습이
필요한 존재라는 입장이다. 도학의 관점에서 볼 때 학을 연마하지
않는 군주는 도덕적으로 온전한 인간이 되기 어려울 뿐만 아니라,
만인지상(萬人之上)의 위치에서 막강한 권력을 행사할 수 있었기 때
문에 더 위태로운 존재가 될 수 있다고 보았다. 그렇기에 군주는 군
주의 수업인 경연을 통해 꾸준히 학문을 연마해야 할 의무가 있다
고 보았다.[38]

기묘사림들이 이상으로 추구했던 삼대는 바로 도덕적 완전체로
서의 위상을 갖고 있던 요순과 같은 성왕들이 통치하던 시대를 의미
했다. 그렇기 때문에 요순이 다스리던 삼대는 자연스럽게 지극한 다
스림, 곧 至治가 이루어지는 시대로 표상화되었다. 기묘사림들은
기본적으로 요순시대의 지치를 동경하며, 자신들의 치세에도 지치
가 이루어지길 희망했다. 그리고 그러한 희망을 이루기 위해 다양한
정책들을 제시하고 그것의 실현을 강력하게 추진해 나갔다.

기준 역시 기묘사림의 일원으로서 삼대와 지치에 대한 인식을 공
유하면서, 군주 성학을 통해 삼대의 지치가 자신들의 시대에 이루어
지기를 희망했다. 중종이 도학을 통해 학문을 연마하며 성인 군주가
되기 위해 노력하고, 또 자신들과 함께 지치를 실현해 나가기를 갈
구했다.[39] 기준은 요순 이후의 군주들은 완벽한 도덕적 수양을 갖추
지 못한 존재로서 '성인의 도'에 이르기 위한 '성인의 학'을 부지런히

---

38 Peter K. Bol, 위의 책, 216~224쪽.
39 『중종실록』 권26, 중종 11년 10월 8일(병진).

수련해야 하는 존재라는 시각 하에, 군주 성학의 중요성을 경연을 통해 적극적으로 피력해 나갔다. 가령, 모범적인 통치가 이루어지던 삼대와 그렇지 못한 삼대 이후의 치세를 대비하면서, 통치자가 효제(孝悌)를 솔선수범할 때 형정(刑政)에만 얽매이지 않는 진정한 교화가 이루어질 수 있다고 주장했다.[40]

> 야대에 나아갔다. 시강관 기준이 아뢰기를, "… 성인의 학문이라도 그 학문이 세상에 밝지 못하면 임금이 왕도를 알지 못하고, 신하가 임금 보좌하는 도리를 알지 못합니다. … 지금의 임금이 만약 옛날 제왕의 도로써 분발하여 행한다면 지치에 이르기가 무엇이 어렵겠습니까? 상정(常情)으로 보면 요·순의 행적이 한없이 높고 광대하여 미치지 못할 것 같지만, 천성(天性)은 요·순 같은 성인이나 어리석고 못난 사람이나 마찬가지여서 고금의 다름이 없습니다. 능히 격물치지와 정일집중의 경지에 이른다면 지치가 어찌 어렵겠습니까?"[41]

성인의 학문에 기초해 지치의 실현을 위해 노력할 것을 요구하는 기사이다. 현재의 군주들이 옛 성왕들의 도를 적극적으로 추구한다면 지금 시대에도 지치가 가능하다고 주장하고 있다. 요순 같은 성인이나 일반인이나 하늘이 부여해 준 天性에 있어서는 마찬가지기 때문에, 학문을 통해 격물치지와 정일집중에 능한 수준에 도달할 수 있다면, 지치를 실현하는 일이 불가능하지 않다는 주장이다. 지치

---

40 『중종실록』 권26, 중종 11년 10월 28일(병자).
41 『중종실록』 권32, 중종 13년 3월 26일(을축).

의 실현을 요순과 같은 군주에게만 가능한 것으로 제한하지 말 것을
당부하고 있다.

　기준은 지치의 실현 가능성을 언급함과 동시에 중종의 면학 자세
를 칭찬하며 보다 적극적으로 학문에 임하도록 독려했다.

> 　석강에 나아갔다. 기준이 아뢰었다. "상께서 마음을 세우고 뜻을 기
> 울이는 것이 지극하시거니와, 삼대 이후로 듣지 못한 일입니다. … **이제**
> **상께서 마음을 이와 같이 세우시니 참으로 감격하여 눈물이 흐르려 합니**
> **다. 이와 같이 뜻을 세우고도 지치를 성취하지 못한다면 그 한스러움을**
> **이루 말할 수 있겠습니까?** 상의 이 마음은 지극한 것이므로 이 마음을
> 성취해야 하는데, 좋은 시절은 지나가기 쉬워서 미처 못할지 모르니 <u>춘</u>
> <u>추가 한창이실 때에 힘쓰셔야 합니다.</u>"[42]

　중종처럼 학문에 뜻을 두고 힘쓰는 모습이 삼대 이후로는 듣지
못했던 일이라며 중종의 학문을 향한 열정을 칭찬하고 감격해하는
기사이다. 동시에 기준은 중종과 같이 학문에 힘쓰는 군주의 시대를
맞아 지치가 이루어지지 못하면 그것만큼 한스러운 일이 없을 것이
라고 언급하면서, 중종의 면학을 독려했다. 또한 기준은 중종이 학
술에 힘을 기울이고 적극적인 관심을 보인 결과, 근래 들어서는 젊
은이들이 『소학』에 관심을 보이기에 이르렀다며 군주의 지향이 얼
마나 중요한 것인지를 강조하는가 하면,[43] 학문에 뜻을 두더라도 격

---

42 『중종실록』 권29, 중종 12년 9월 29일(임인).
43 『중종실록』 권29, 중종 12년 8월 29일(임신).

물·치지·성의·정심의 공부가 쌓이지 않으면, 그 효과가 나타나지
않을 수 있음을 일깨우기도 했다.[44]

　기준은 경연 석상에서 중종의 면학을 칭찬하면서도 현재 조정에
서 논의되고 있는 사안이나 기묘사림들이 추진하는 개혁 정책들을
원론적인 차원에서 옹호하며 지원했다. 기준은 인재 선발과 관련해
천거의 중요성과 천거된 사람들에 대한 보다 적극적인 기용을 논하
는가 하면,[45] 효렴과의 시행과 관련한 입장을 피력하기도 했다.

> 　조강에 나아갔다. 기준이 아뢰기를, "우리나라는 단지 과거로만 사람
> 을 임용합니다. 그러나 과거 길이 너무 좁아 현명한 사람이 더러 임용되
> 지 못하니, 만일 특이한 효렴(孝廉)이 있는 사람이면 발탁하여 임용함
> 이 좋겠습니다. 성상께서 효렴과를 아름다운 것으로 여기신다면, 조정
> 과 의논하여 시행하심이 어떠하리까?"[46]

　효렴이 있는 인재의 발탁을 요구하는 기사로서, 훗날 기묘사림들
이 현량과 시행을 추진했던 일과 맥을 같이 하고 있다. 기준은 과거
제도의 현실적 필요성은 인정하면서도 과거만으로는 덕망 있는 인
사가 조정에 발탁되지 못하는 한계를 지적하고, 이의 개선을 위해
효렴과의 전례를 참고해 실행할 필요가 있음을 주장했다. 그리고 새
로운 제도의 시행에 있어서 구습에 얽매이지 않는 과감한 결단이

44　『중종실록』권31, 중종 12년 윤12월 19일(경인).
45　『중종실록』권35, 중종 13년 12월 3일(무진).
46　『중종실록』권26, 중종 11년 11월 2일(기묘).

필요함을 강조했다.

> 조강에 나아갔다. … 검토관 기준은 아뢰기를, "조종의 법이 혹시 미
> 진하여 당세에 통용할 수 없는 것이라면, 또한 마땅히 변개하여 통용하
> 도록 하여야 할 것입니다. … 지금 환관이 전명하는 일은 한때의 인순된
> 습관이니 주저할 것 없이 통쾌히 없애야 합니다. 지금 뭇신하들을 접대
> 하는 것은 다만 경연과 연방(延訪)이 있을 뿐이고 그 나머지는 내외가
> 막연하며 조정의 대사를 오로지 환관의 입에 붙여버립니다. 지금은 청
> 명한 시대라 걱정할 일이 없다고 하겠으나, 장래의 사변이 꼭 없다고는
> 말할 수 없습니다. 혹시 성상께서 미령한 때에는 편의상 대신을 인접하
> 는 것이 무엇이 불가하겠습니까?"[47]

'조종의 법'이라 할지라도 필요하다면 지금의 상황에 맞게 변통
하면서 과감하게 개혁할 것을 주문하는 기사이다. 일례로, 환관들
이 명을 전하는 폐습이 선왕 대 이래로 지속되는 문제점을 지적하면
서, 경연과 연방 외에도 대신들을 직접 만나 조정 대사에 대해 논할
필요가 있음을 건의했다. 건강이 좋지 않을 때라도 격식에 얽매이지
말고 대신들을 불러 현안에 대해 의견을 나눌 것을 요청하고 있다.
　기준은 경연관으로 재직하면서 도고우군(道高于君)의 입장에서
중종을 압박하거나 군주의 심기를 거스르는 발언을 서슴지 않았다.
기준은 중종이 학술에 열심을 내는 모습에 감격하며 삼대 이후의
군주 가운데 중종처럼 학문에 열심인 군주가 없다고 칭송했지만, 현

---

47 『중종실록』 권32, 중종 13년 2월 14일(계미).

실 개혁의 미진한 부분과 중종이 자신들의 기준에 부합하지 못하는 모습을 보일 때는 도덕적 권위에 기대어 중종을 꾸짖는 발언을 서슴지 않았다.

> 석강에 나아갔다. 사경 기준이 글에 임하여 아뢰기를, "광무제가 옛 문물을 광복하여 자신의 대에 태평을 이루게 된 것은 학술에 힘을 써 경서의 이치를 강론하되 밤중이 되어야 잠을 자고, 다스리는 도리에 부지런했기 때문입니다. 그러나 죄없이 정후(正后)를 폐하고 직간하는 대신을 죽였으니, 광무제가 비록 훌륭한 자품을 지녔지만, 수신·제가하는 학문을 하지 못했고, 당시의 대신들이 또한 인도하여 보필하는 사람이 없었기 때문에 이런 잘못이 있는 것이니, 임금들이 학문에 있어서 어찌 소홀히 할 수 있겠습니까?" 하였다.[48]

광무제는 후한의 초대 황제로서 반정(反正)을 통해 등극한 중종과 유비(類比) 되는 바가 있는 군주이다. 기준은 광무제가 한밤중에 이르기까지 학술에 힘쓰고 이치를 강론하여 옛 한나라의 영광을 회복한 부분이 있음을 칭찬하면서도, 결국 수신제가의 학문이 없고 신료들 또한 제대로 보필하지 못해 부인을 폐하고 바른말 하는 대신을 죽이는 허물이 있음을 지적하고 있다. 이는 중종 또한 수신제가의 공부에 힘쓰지 않을 경우, 광무제와 같은 잘못을 저지를 수 있음을 경고한 것이었다.

---

48 『중종실록』 권26, 중종 11년 10월 16일(갑자).

홍문관 수찬 기준이 상소하였다. "듣건대 접때 대간의 상소를 대신에게 물어서 대간을 죄다 갈았으므로, 물의가 어수선하고 인심이 놀라와 한다 하니, 시말을 헤아리지 못하여 갈수록 답답합니다. … 전하께서는 이미 간언을 순하게 따르지 못하시고 또 구언에 정성을 다하지 못하시고서, 도리어 말하는 자를 미워하여 벼슬을 갈기까지 하셨으니, 신은 전하의 뜻을 모르겠습니다. 전하의 뜻은, 대간이 언론을 과격하게 하여 조정을 소요하게 하였다 하여, 장차 조정을 안정시킬 방법을 꾀하시려는 것이 아니겠습니까? 그러나 대간을 훼손하고서 조정을 안정시킨 일은 예전부터 없는 일이니, 이는 남들이 듣게 할 수 없는 일입니다."[49]

언론에 대한 군주의 올바른 태도가 어떠해야 하는 지에 대한 기준의 상소이다. 1517년(중종 12) 10월 수원부사 이성언의 상소로 인해 발생한 소요에서, 중종이 대간을 모두 체직시킨 일을 비판하는 내용이다. 최근 들어 중종이 구언하는 데 정성을 다하지 않을 뿐만 아니라 직언하는 대간을 미워해 대간을 모두 체직시킨 처사의 부당함을 지적하고 있다. 뿐더러 대간을 이런 방식으로 홀대하고서 조정이 안정된 적은 없다며, 중종의 대간 체직에 대한 강한 불만을 드러냈다. 조정의 안정은 과격하게 직간하는 언관들을 체직시키는 방식으로는 이룰 수 없는 것임을 환기시키며, 올바른 시비 분별 위에서 대간의 간언을 수용하고 대간을 너그럽게 대해 주는 것이야말로 조정을 안정시키는 방법임을 강조했다.

한편, 기준의 중종에 대한 불만과 그에 따른 비판의 수위는 점점

---

49 『중종실록』 권30, 중종 12년 10월 30일(임신).

더 강해져 갔다.

기준이 아뢰기를, "내치가 엄하지 못하면 비록 통자(通刺)를 엄하게
하더라도 무슨 유익이 있겠습니까? … **즉위하신 지 10여 년인데 지금까**
지 아무런 치효가 없어, 백성이 날로 곤궁하고 재변이 연이어 이르니,
그 흥기시키는 방도와 폐단을 진술하게 하는 일에 대하여 마땅히 유념
하셔야 합니다."[50]

석강에 나아갔다. … 기준이 아뢰기를, "대저 근자에 성상께서 학술
에 힘을 써 정사에 시행하고 있으나, **신은 성상께서 참으로 학술에 힘쓰**
셨는지 아닌지를 잘 모르겠습니다. 근일 경연에 납시는 일로 보더라도
성의가 없는 것 같습니다. 전에는 경연을 궐하심이 또한 잦았고, 지금은
해가 길어졌는데도 삼시 나오지 않으시며, 또 야대도 없습니다. 학문의
공부는 끊임없이 계속해서 잠시도 쉬지 않아야 합니다."[51]

첫 번째 기사는 새로 왕비를 맞이한 상황에서 왕실 내부의 기강
을 바로 새울 필요가 있음을 강조한 기사로서, 미천한 하인이 사적
으로 중종에게 부탁한 일을 언급하며 내치의 중요성을 환기시키는
내용이다. 도학의 흥기와 치효가 반정으로 즉위한 중종에게 오로지
달려있는 상황인데도, 즉위한 지 10년이 지나도록 아무런 효과가
없을 뿐만 아니라, 백성들의 삶은 더욱더 힘들어지고 재변이 연이어
일어나고 있다며, 신료들에게 어떻게 해야 하는지를 묻고 그것을 따

---

50 『중종실록』 권28, 중종 12년 7월 27일(신축).
51 『중종실록』 권32, 중종 13년 4월 25일(계사).

라 통치에 임해야 한다고 지적하고 있다. 10년이 지나도록 아무런 효과가 없다는 지적을 군주의 면전에 서슴없이 전하는 기준의 모습에 중종은 적지 않은 불쾌감이 들었을 것으로 보인다.

두 번째 기사는 중종의 경연에 임하는 자세가 이전만 못함을 지적한 기사이다. 경연을 빼먹는 일도 잦고 하루 세 번 온전히 참석하는 일도 적으며, 또 야대는 최근 잘 이루어지지 않고 있음을 비판하였다. 아울러 그동안 학술에 힘쓰며 정사에 열심을 냈던 모습도 과연 진정성이 얼마나 있는 것이었는지 의심이 든다는 말까지 하고 있다. 중종의 입장에서는 기준의 이 같은 발언으로 군주의 권위가 손상되었다는 불만을 갖게 되었을 것으로 생각된다.

기준이 이처럼 준열하게 군주를 비판했던 이유는, 삼대의 지치라는 목표를 이루기 위해서는 군주에게 직간하면서 바른길로 인도하는 것이 경연관으로서의 마땅한 소임이라는 판단에서였다. 언필칭 삼대의 지치를 논하고, 반정 군주 중종이 도학에 입각해 국정을 이끌어 나가게 하는 것을 자신의 소임으로 삼고 있었기에, 과격한 발언을 주저하지 않으며 군주를 압박했던 것이다. 그리고 이러한 태도는 기본적으로 다른 기묘사림들 역시 마찬가지였다.

하지만 기준을 비롯해 기묘사림의 중종에 대한 압박은 중종으로 하여금 이들을 멀리하는 역효과를 낳았다. 중종으로서는 도덕적 권위를 내세우며 자신을 압박해 오는 기묘사림의 행태가 점점 부담으로 다가왔다. 군주인 자신이 더 이상 통제할 수 없는 권력으로 인식했다. 그리고 그 같은 부담을 벗어나고자 하는 과정에서 기묘사화가 일어났다.

4. 피화와 기묘팔현으로의 현창

조광조와 기준 등의 기묘사림은 중종의 신임 속에 지치의 구현을
위한 정책들을 적극적으로 추진했다. 여악의 폐지·친영의 시행·향
약의 보급 및 실시·소격서 혁파·현량과 실시·정국공신 개정 등 왕
실 의례의 정비에서부터 사회 운영의 개선과 정치 운영 주체의 교체
에 이르기까지 다양한 정책들을 실행해 나갔다. 하지만 중종의 입장
에서는 개혁이 진행될수록 부담이 커질 수밖에 없었다. 무엇보다 활
발한 언론 활동과 대간의 영향력 확대로 왕권에 대한 제약이 심해졌
다. 이런 상황에서 중종과 기묘사림은 소격서 혁파와 위훈삭제 문제
를 놓고 돌이킬 수 없는 지경에 이른다. 소격서 혁파 당시 조광조
등은 홍문관에 숙직하며 밤새도록 혁파를 요청하는 상소를 올려 중
종을 난처하게 했고, 중종은 마지못해 소격서의 폐지를 허락하고 만
다. 정국공신 개정 때도 대간은 사직을 반복하며 위훈삭제를 요청했
고, 지루한 대립을 반복하다가 개정을 받아들였다.

결국 중종은 소격서 혁파와 정국공신 개정 문제를 경과하면서 기
묘사림에 대한 근본적인 회의를 갖게 되었다. 표면적으로는 여전히
그들을 신뢰하는 것처럼 보였지만, 국왕의 통제 범위를 벗어나고 있
는 기묘사림에 대한 입장이 달라질 수밖에 없었다. 그리고 그것은
마침내 파국으로 치달았다. 중종은 기묘사림의 제거를 암시하는 밀
지를 홍경주를 통해 남곤에게 전달했고, 남곤과 심정의 기획 하에
기묘사화가 발생하기에 이른다.[52]

조광조는 기묘사화 발생 직후 사형으로 조율되었다가 정광필 등

이 극구 만류해 사형에서 감형되어 원방에 안치되었다.[53] 기준의 경우 궤격한 논의에 부화한 죄로 장 1백에 유 3천리에 처하고 고신을 진탈하는 죄목으로 조율되었다가, 외방 부처로 조정되었다.[54] 조광조와 기준 등의 유배로 사건이 일단락된 것처럼 보였지만, 약 한 달이 지나는 시점에서 조광조를 사형에 처하고 동조자들을 엄히 다스려 달라는 유생 황이옥의 상소가 올라왔다.[55] 그리고 황이옥의 상소가 올라온 지 이틀 만에 조광조를 사사하라는 전교가 내려지고, 기준 등은 극변으로 유배지가 변경되었다.[56]

조광조의 사사는 기묘사화를 또 다른 방향으로 이끌었다. 그의 사사를 계기로 선산에 유배 되었던 김식이 망명하는 일이 벌어졌고, 이를 계기로 유배형에 처해진 기준과 김정 등에 대한 추죄가 이루어졌다. 김식은 조광조가 사사되었다는 소식을 듣고 망명을 결심한 것으로 보인다. 중종 주변의 간신을 제거하면 중종의 마음을 되돌릴 수 있을 것이라고 판단했던 듯하다. 하지만 김식은 5개월 가량의 망명 생활 끝에 거창의 한 야산에서 목을 매 자살하고 만다.[57]

한편 조정에서는 김식의 망명 사실을 인지하고 추포령을 내렸는데,[58] 이를 계기로 유배된 인사들에 대한 점검 또한 진행되었다. 그

---

52 송웅섭, 2021, 「동상이몽의 예정된 파국」『조선사람들의 동행』글항아리.

53 『중종실록』권37, 중종 14년 11월 16일(병오).

54 『중종실록』권37, 중종 14년 11월 16일(병오) ; 21일(신해).

55 『중종실록』권37, 중종 14년 12월 14일(갑술).

56 『중종실록』권37, 중종 14년 12월 16일(병자).

57 安璐, 『己卯錄補遺』「金湜傳」; 송웅섭, 2005, 「기묘사화와 기묘사림의 실각」『한국학보』119, 98~103쪽.

결과 공교롭게도 기준과 김정은 배소를 이탈한 혐의를 받았다. 김정
의 경우 유배지 금산에서 고향인 보은과의 거리가 그리 멀지 않아
군수에게 허락을 받고 다녀왔으나, 김식 망명건으로 상황이 급변하
자 망명인으로 몰리게 되었다.[59] 기준은 아산에서 온성으로 유배지
가 바뀌게 되자, 모친을 한 번 뵙고 가겠다는 생각으로 유배지를 이
탈했다가 체포되었다.[60] 이후 기준과 김정 두 사람은 망명한 죄인으
로 낙인찍힌 채,[61] 의금부에 나치 되어 또 한 번 추고를 받고 사형죄
로 조율되었다가, 논의 끝에 장 1백에 배소로 돌려보내기로 결정되
었다.[62] 이로 인해 기준은 함경도 온성으로, 김정은 진도를 거쳐 제
주도에 유배되었다.

　온성으로 이배된 김정의 시련은 여기서 끝나지 않았다. 기묘사화
2년 후인 1516년(중종 16)에 안처겸의 옥사가 일어나 또 한 차례 추
죄되기에 이른다. 안처겸은 좌의정 안당의 맏아들로 현량과에도 합
격한 인사였다. 현량과 합격 이후 모친상을 당해 관직에서 물러나
있던 상황에서 기묘사화를 맞았는데, 사화 이후 주변인들과 함께 시

---

58 『중종실록』 권37 중종 14년 12월 29일(기축).

59 安瑠, 『己卯錄補遺』「金淨傳」"금산은 공의 고향인 報恩과는 백 수십 리쯤 되었
는데, 공의 모친이 병중이란 것을 듣고 군수 鄭熊에게 급히 요청하여 가서 병든
모친을 만나고 배소로 돌아오는 도중에, 금오랑 황세헌이 공을 진도로 압송하러
온다는 것을 듣고 공이 곧 달려서 돌아왔는데 황과 함께 배소에 도착하였다.
… 뒤에 이 일이 발각되자 정웅은 죄수를 놓아 보냈다는 죄책을 모면하고자,
도망쳐 돌아간 자를 잡아왔다고 말하였다."

60 『중종실록』 권38, 중종 15년 1월 4일(계사).

61 『중종실록』 권38, 중종 15년 1월 13일(임인).

62 『중종실록』 권39, 중종 15년 5월 25일(임자) ; 6월 17일(계유).

사를 논하며 남곤과 심정 등에 대한 불만을 토로하곤 했다. 그러던 중 교유하던 송사련이라는 자가 안처겸이 남곤 등의 조정 대신들을 제거하려 한다고 고변했고, 이로 말미암아 안처겸 자신은 물론 그와 교유했던 사람들까지도 역모로 몰려 거의 100여 명에 이르는 사람들이 죽음에 이르거나 고초를 당했다.[63]

안처겸의 옥사로 온성에 유배가 있던 기준 또한 위기를 맞게 된다. 안처겸의 교유 인사로 기준의 이름이 거론되지는 않았지만, 지난번 망명했던 인사들, 즉 기준과 김정 등이 군주의 명에 순복하지 않는 모습을 보인 결과, 안처겸 사건에 연루된 인사들 가운데서도 망명한 이들이 생겼다면서, 이들을 교형에 처하라는 명이 내려졌다.[64] 이에 온성에서 유배 생활을 하고 있던 기준은 30세라는 젊은 나이로 운명하게 된다.

기묘사화와 안처겸의 옥사로 기묘사림이 실각한 이후 몇 차례 집권자들이 교체되었다. 그리고 권신들의 집권과 실각이 반복되는 과정에서 기묘인들에 대한 신원과 재등용에 대한 요청이 꾸준하게 제기되었다. 1531년(중종 26) 현량과에 합격했다가 파방된 이들의 재기용이 시작되었다.[65] 기묘사림의 방면과 재서용 기조는 김안로의 사사를 계기로 본격화되었다. 중종은 기묘년 이후 적지 않은 시간이 흐른 만큼 연루된 사람들의 직첩을 돌려주어 조정에 다시 나오도록

하라는 명을 내렸다.[66] 그리고 신원의 범위를 점차 확대시켜, 1538
년(중종 33)에는 기묘사화 때 파직되거나 처벌 받은 사람 가운데 이
미 사망한 사람들에게도 직첩을 환급해 주었다.[67]

기묘인들에 대한 사면 기조와는 사뭇 다르게 조광조·김정·기
준·김식에 대한 사면은 지연되었다. 중종은 이들 4인의 경우는 끝
까지 사면을 허락하지 않았다. 일단, 김식의 경우 다른 사람들과는
달리 유배지를 이탈한 망명인으로서의 허물이 있었기 때문에 사면
에 어려움이 있었을 것으로 보인다. 그리고 김정과 기준의 경우도
유배지 이탈이라는 명목으로 허락하지 않은 것으로 추정된다. 하지
만 조광조의 사면 불허는 조금 다른 차원에서 이해해 볼 여지가 있
는데, 그것은 중종이 자신의 결정이 잘못되지 않았다는 입장을 지키
기 위한 방편이었다고 생각된다.[68]

조광조와 기준 등의 사면은 결국 인종조에 들어서 이루어졌다.
성균관 진사 박근 등이 장문의 상소를 올려 조광조의 신원을 간청하
고, 여전히 신원되지 못한 기준과 김정의 죽음에 대한 억울함을 호
소하면서 이들의 용서 또한 간청했다.

---

66 『중종실록』 권86, 중종 32년 12월 15일(경신).
67 김돈, 앞의 논문, 63쪽.
68 중종은 조광조를 사면할 경우 기묘사화 당시 자신이 조광조의 죽음을 재촉하고
끝까지 고집한 일들이 결국 잘못이라는 사실을 용납하게 된다는 인식을 갖고
있었던 것으로 보인다. 따라서 대부분의 인사를 사면했지만 조광조와 이후 망명
과 연관이 있는 기준 등을 사면해 주지 않음으로써, 기묘사화에서의 자신의 처사
에 일말의 의미를 남겨둔 것이지 않을까 생각된다.

"아아, 신민에게 복이 없어 장수를 누리지 못하시고 갑자기 승하하시는 슬픔이 있게 되었으니, 조광조를 추후 회복시키지 못한 것이 선왕께서 남기신 후회인 것입니다. 그렇다면 오늘의 책임은 진실로 전하에게 있지 않겠습니까? … 아아, 당시의 선비로서 죄 없이 억울하게 화를 당한 사람이 이루 셀 수 없으나 김정·기준의 죽음이 가장 억울합니다. … 이 두 신하가 참으로 망명하려 하였다면 어찌 스스로 돌아올 리가 있겠습니까." … 답하기를, "이 사람들의 일에 대해 선왕께서 어찌 범연히 헤아려 조처하셨겠는가." 하였다.[69]

중종이 불가피하게 조광조를 사면하지 못한 채 운명했으니 이제 인종이 중종을 대신해 조광조를 사면해 달라는 요청이다. 아울러 기준과 김정의 망명 역시 사실이 아니므로 이들의 사면 또한 필요하다는 입장이다. 물론 이때의 요청 역시 수용되지는 않았다. 인종 개인으로서는 조광조·김정과 사제의 연을 맺기도 했지만, 즉위한 지 얼마 되지 않은 상황에서 선왕의 결정을 번복하는 일이 부담스러웠기 때문에 거부했던 것으로 보인다.[70]

하지만 이로부터 3개월 여 만에 인종의 건강이 급속도로 악화되고 급기야 임종이 가까워지게 되면서, 사면을 허락하게 되었다. 인종은 조광조 등의 복작과 현량과의 회복을 명하고 운명하였다. 그리고 조광조와 함께 기준 등에 대한 복작이 이루어졌다.[71] 결과적으로

---

69 『인종실록』 권1, 인종 1년 3월 13일(을해).
70 『인종실록』 권2, 인종 1년 6월 29일(경신).
71 『명종실록』 권6, 명종 2년 9월 3일(신해) "상이 조강에 나아갔다. 특진관 윤원형이 아뢰었다. … 중종과 인종 때에 조정 대신과 초야의 선비들이 계속 글을 올려

기준은 기묘사화 이후 아산에 유배되었다가 김식의 망명과 안처겸의 옥사로 추죄되어 죽음에 이르렀고, 1545년(인종 1) 3월에 이르러서야 복작되었던 것이다.

조광조와 기준 등을 끝으로 기묘사림에 대한 복작이 일단락되었다. 하지만 명종 치세까지도 척신들의 집권에 따른 을사사화라는 또 다른 사화가 일어나면서, 기묘사림의 현창이 이루어지기는 어려웠다. 그럼에도 사대부들 사이에서 기묘사림들에 대한 재평가가 꾸준하게 이루어지고 있었고, 급기야 선조 대에 들어와서는 본격적으로 이들에 대한 현창 작업이 시작되었다.

조광조를 필두로 한 기묘사림에 대한 추숭 사업들이 다양하게 이루어지게 된다. 그리고 이러한 분위기 속에서 기묘사림의 명단과 함께 그들의 행적을 정리한 당적류(黨籍類)들이 편찬되었다. 기묘사림을 정리한 기록으로는 「기묘당적(己卯黨籍)」, 『기묘록보유(己卯錄補遺)』, 『기묘제현전(己卯諸賢傳)』 등의 세 책이 대표적이다.[72]

「기묘당적」은 기묘사림 가운데 한 사람인 사재 김정국이 작성했으며 피화인 93인을 수록하고 있는데, 이후 작성되는 기묘사림 관련 당적류의 원형이 되었다.[73] 김정국은 기묘사화 때 조정에서 관직을 삭탈 당하고 경기도 고양에 머물며 후진 양성과 학문 수양에 힘

논주해서 조광조를 복직시킬 것을 계청하였으나 모두 윤허를 받지 못하였다가 인종의 병이 위독할 때에 이르러서야 조광조·김정·기준을 복직시키라는 명이 내렸습니다."

72 송웅섭, 「중종대 기묘사림의 구성과 출신배경」, 『한국사론』 45, 2001, 150~162쪽.
73 金正國, 『思齋集』 卷4, 「己卯黨籍」.

썼으며, 김안로의 축출 이후 조정에 다시 등용되었다. 당시로서는 '당(黨)'이라는 표현이 매우 부정적인 의미를 갖고 있는 것이었음에도 '기묘당적'이라는 제목을 달고 있는 것이 특징이다.[74]

『기묘록보유』는 안당의 손자이자 안처겸의 아들인 안로(安璐)에 의해 작성되었다.[75] 총 129명의 피화인을 수록하고 있으며, 기묘사림에 대한 현창 사업이 활발하게 전개되었던 선조 초반에 작성된 것으로 추정된다. 안로는 안처겸의 옥사에 부친은 물론 조부와 숙부들까지 연루되어 가문이 풍비박산 난 아픔을 간직한 채, 기묘사림에 대한 다양한 기록들을 수입하고 정리했다. 「기묘당적」이 간략한 정보만을 기재했던 것에 비해, 『기묘록보유』는 기묘사림에 대한 다양한 기록들을 종합하는 한편, 새로운 인물들도 포함시켰다.

『기묘제현전』은 대동법 시행에 앞장섰던 金堉에 의해 편찬되었는데, 김육은 기묘사림 김식(金湜)의 현손이기도 하다. 『기묘제현전』에는 팔현전(八賢傳)·유찬(流竄)·삭파(削罷)·산반(散班)·종실(宗室)·혁과(革科)·별과피천(別科被薦)·유사(儒士)·보유(補遺) 등의 항목에 총 220명이 수록되어 있다. 기묘사림을 기록한 당적류 가운데 가장 많은 인원을 싣고 있다. 수록인이 크게 늘어난 이유 가운데 하나는

---

74 아마도 북송 휘종 때 재상 채경이 구법당과 신법당 사이의 대립이 치열한 과정에서 구법당계 인사들을 간당으로 규정해 309인의 이름을 돌에 세긴 〈元祐黨籍碑〉의 상징성을 차용한 것이라 생각된다. 〈元祐黨籍碑〉의 제작이 결국 간사한 채경에 의해 이루어진 것인 만큼, 피화된 자신들을 '기묘당적'이라 스스로 명명하면서 〈元祐黨籍碑〉에 새겨진 구법당계 인사들의 억울함에 비견한 것이라 생각된다.

75 『大東野乘』 卷10 수록.

현량과에 피천된 인사들도 포함시키는 등 기묘사림과 직접적인 관련이 없는 사람들까지도 포함시키고 있기 때문이다.

흥미로운 점은 『기묘제현전』에서는 「기묘당적」이나 『기묘록보유』과 달리 「팔현전」이라는 항목을 설정해 기묘사림 중에서도 특별히 8인을 구분 짓고 있다는 사실이다. 「팔현전」에 수록된 8인은 정광필·안당·이장곤·김정·조광조·**기준**·김식·신명인 등으로, 기준도 포함되어 있다.[76] 그렇다면 왜 『기묘제현전』에서는 8현을 따로 구분했고, 여기 수록된 8인은 다른 기묘사림에 비해 보다 핵심적인 인사로 이해할 수 있는 것일까? 한 걸음 더 나아가 본고의 검토 대상인 기준은 기묘팔현으로 규정되기에 합당한 것일까?

일단, 『기묘제현전』에서는 왜 8현을 구분했는지 별다른 설명이 없다. 아마도 김육이 이 책을 편찬할 당시의 기묘사림에 대한 논의 가운데, 특별히 더 추앙하고자 하는 인사들을 8현으로 구분하고자 했던 담론이 유행했던 것으로 보인다. 실제로 『기묘제현전』의 서문을 지은 신익성은 김육이 처음 자신을 찾아 이 책의 편찬 방향을 상의할 때, 애초의 구상은 「기묘팔현전」의 작성에 있었음을 언급하고 있다.

　　지금 충청도 관찰사 김육이 기묘팔현을 적어 내게 자문하기를 장차 책으로 만들어 간행하려고 한다고 하였다. … 귀천을 막론하고 사문에 도움이 될 만한 자는 모두 수록하였다.[77]

76　金堉, 『己卯諸賢傳』.

위 기사는 신익성이 지은『기묘제현전』의 서문으로 김육의 애초의 구상이 기묘팔현만을 대상으로 한 것이었으나, 자신의 권유로 사문에 도움이 될만한 모든 사람으로 수록 범위가 확대되었음을 알수 있다. 당시 기묘사화와 조광조 등의 기묘사림에 대한 이야기들을 논할 때 그들 가운데서도 특별히 기념할 사람들을 '팔현'이라는 범주로 구분했던 것이라 할 수 있다. 그리고 이 같은 사실은『기묘제현전』의 전체 분량 가운데「팔현전」이 1/3 가량을 차지하는 점을 통해서도 확인된다.

한편,『기묘제현전』의 팔현 구성은 다소 흥미로운 부분이 있다. 여기에는 기묘사림과는 다소 거리가 있던 인물들까지도 포함되어 있기 때문이다. 정광필·안당·이장곤·김정·조광조·기준·김식·신명인 등의 8인 가운데, 적어도 정광필·안당·이장곤·신명인 등의 4인을 과연 기묘사림으로 분류할 수 있을지 의문이 든다. 4인 가운데 정광필·안당·이장곤은「기묘당적」과『기묘록보유』에 수록되어 있기는 하다. 하지만 신명인의 경우『기묘제현전』에 처음으로 수록된 인물이다. 4인 가운데 그나마 안당의 경우, 이조판서로 재직하면서 조광조나 기준 등의 성장에 적지 않은 도움을 주었고, 또 그의 세 아들 안처겸·안처함·안처근 등이 모두 현량과에 합격했으며, 안당 자신 또한 안처겸의 옥사 때 교형에 처해졌다는 점에서 기묘사림으로 분류할 수도 있을 것이다. 하지만 안당의 경우 엄연히 대신의 위치에서 기묘사림으로 분류된 인사들과 거리가 있었던 인물

---

77 申翊聖,「己卯諸賢傳序」『己卯諸賢傳』.

이다.

정광필이나 이장곤의 경우도 마찬가지다. 특히 정광필은 기묘사림 집권 시 영의정으로 재직하면서 기묘사림이 추진한 각종 사업들에서 제동을 걸거나 현실적인 어려움을 제기했던 인사이다. 기묘사림들과는 오히려 긴장 관계에 있었던 인물이라 해도 지나치지 않는다. 이장곤의 경우도 정광필과 대체로 비슷한 위치에 있었다고 할 수 있다. 그럼에도 불구하고 정광필과 이장곤이 「기묘당적」과 『기묘록보유』에 수록된 이유는 기묘사화 발생 당시 정광필과 이장곤이 중종과 남곤 등에 끝까지 맞서면서, 이들에게 불어닥칠 화를 막아준 공로 때문이라 할 수 있다. 두 사람이 아니었다면 조광조와 기준 등은 사화 당일 죽음에 이르렀을 수도 있다.

신명인의 경우는 기묘사림으로서의 조정에서의 직접적인 활동은 없었다. 다만 『기묘제현전』「팔현전」에 따르면 그는 기묘사화 당시 조광조 등이 하옥되었을 때 성균관 유생들을 이끌고 궁궐에 난입해 방면을 요청했으며, 스승 김식의 사망 시 그의 주검을 거두고 「조송옥사(弔宋玉辭)」를 지어 애도했고, 이후로는 과장에 들어가 술만 먹고 나오는 등 일부러 벼슬길에 오르지 않은 처사로서의 삶을 살았던 인사로 기록되고 있다.

이 같은 측면에서 보았을 때 『기묘제현전』에서의 팔현 규정은 기묘사림 가운데 핵심적 위치에 있는 인사를 구분했다기 보다는, 후대인들 사이에서 유행하고 있던 담론의 영향을 받은 것으로 이해할 수 있다. 그리고 여기에는 김식의 현손이라는 김육의 입장에서 다소 사적인 판단도 작용했던 것으로 보이는데, 신명인이 8현에 편

입된 것은 그의 고조부 김식과의 인연이 깊이 작용했기 때문이라 생각된다.

그러면 기묘사림 가운데 핵심적인 위치에 있던 사람은 어떤 인사들이었나? 사실 기묘사림 집권 당시 조광조 등과 함께 적극적으로 개혁 활동에 참여하고 있던 인사들은 1518년(중종 13)의 시간계서(矢幹係書)에 언급되고 있던 인사들 정도로 생각할 수 있다. 시간계서 사건이란 조광조 등의 활동이 활발해 지면서 이를 시기하는 누군가가 '나라를 망치는 신하'라는 이름으로 30여 인의 명단을 적은 쪽지를 화살에 매달아 의정부와 사헌부 대문에 쏜 일을 말한다.

> 어떤 사람이 밤중에 글을 화살에 묶어서 의정부의 문과 사간원의 문에 쏘았었는데 그 글에 '김정·조광조·이자·한충·김안국·권벌·유인숙·신광한·공서린·문근·김구·윤자임·정응·최산두·이청·이약빙·유용근·기준·장옥·김식·박훈·박세희·이희민·양팽손 등 30여 인이 국정을 변경하고 어지럽혀서 사직을 위태롭게 하나, 밝으신 임금이 간사한 술책을 모르고 있는데, 대신은 어찌하여 묵묵히 편안하게 앉아 있는가?' 하였다.[78]

여기에 수록된 인물은 24인으로, 이들은 당시 삼사와 조정 주요 부서에 재직하고 있던 신료들이다. 그런 측면에서 여기서 언급된 인사들을 기묘사림 가운데서도 주요한 인사들로 분류될 수 있지 않았을까 생각된다. 그리고 거기에는 분명 기준 또한 포함되어 있다.

---

78 『중종실록』 권34, 중종 13년 8월 21일(무자).

사실 8현의 8이라는 숫자가 나오게 된 배경을 추정해 보면, 기묘
사화 발생 당시 추고를 받았던 8인을 고려해 볼 수 있다.[79] 한 밤
중에 발생한 기묘사화 발생 당일 핵심 인사로 지목되어 의금부에
하옥된 인사들이 있었다.[80] 그리고 그들 가운데 최종적으로 8인이
추고를 받고 처벌되었는데, 조광조·김정·김식·김구·윤자임·박세
희·박훈·기준 등이 바로 그 8인다.[81] 흥미로운 점은 기준의 경우 중
종이 특별히 그의 이름을 거론해 8인에 속하게 되었다는 점이다.

> 임금이 이르기를, "죄인에게 벌이 없을 수 없고 조정에서도 청하였으
> 니, 빨리 죄를 정하도록 하라." … 그래서 조광조·김정·김구·김식·윤
> 자임·박세희·박훈의 이름을 쓰니, 임금이 이르기를, "<u>기준도 아울러
> 써야 한다.</u>"[82]

이들 8인은 『기묘제현전』의 8현과는 조금 다른 구성이다. 이들
은 중종과 기묘사화를 일으킨 인사들의 입장에서 보았을 때, 가장
위협이 될 만한 핵심 인사들이라 할 수 있다. 그런 측면에서 『기묘
제현전』의 8현 설정의 적합성 여부와는 별개로, 적어도 기묘사림들
가운데 보다 특별한 인물로 구분할 때 기준을 포함시키는 일은 별다
른 문제가 되지 않는다고 생각한다. 사화 발생 직후 의금부에 갇혀

---

79 『중종실록』 권37, 중종 14년 11월 15일(을사).
80 위의 주 참조.
81 위의 주 참조.
82 『중종실록』 권37, 중종 14년 11월 15일(을사).

추고를 받은 8인 가운데 한 사람이었다는 점에서, 그것도 중종이 직접 그를 지명했다는 점에서 충분히 8현으로서의 자격을 갖추고 있다고 생각한다. 뿐만 아니라 기준은 성균관 수학 때부터 조광조와 가깝게 지냈고, 신씨복위소 사건 당시 조광조의 언로 보호론에 동참하며 이행·권민수와 같은 인사들의 공격에 앞장 선 인물이기도 했다. 그리고 기묘사화가 일어나기 직전까지 경연관으로서 삼대의 지치를 실현하기 위해 중종을 적극적으로 보도하거나 압박하기도 했다. 그런 측면에서 기묘팔현을 설정할 때 기준을 포함시키는 것은 크게 문제 되지는 않는다고 생각한다.

5. 맺음말

이상으로 복재 기준의 정치 활동과 지향, 그리고 피화 및 신원 양상에 대해 살펴보았다. 복재 기준은 1513년(중종 8) 22세 때 문과 합격으로 조정에 진출해 관직 생활 대부분을 청요직 중에서도 핵심이라 할 수 있는 홍문관에서 재직한 엘리트 관료였다. 기준은 장경왕후 사망을 계기로 전개된 신씨복위 상소 사건 당시 현실론 vs 언로 보호론으로 나뉜 청요직 내부의 갈등에서, 조광조와 함께 언론 보호론을 제기하며 기묘사림의 결집에 일조했다. 그리고 신씨복위소를 올린 박상과 김정의 방면 이후로는 경연관으로서 중종의 학문을 도우며 지치의 실현을 위한 노력을 기울였다.

하지만 기묘사림이 개혁 정책들을 급진적으로 실현해 나가는 과정에서 중종과의 갈등이 심해져 결국 기묘사화를 맞게 된다. 이때 기준은 핵심 인사 8인 가운데 한 사람으로서 지목되어 아산에 유배되었다가, 김식의 망명과 안처겸의 옥사로 추죄되어 30세의 나이로 교형에 처해졌다. 사후 기준은 기묘사림 가운데 가장 늦게 신원이 이루어졌지만, 사대부들 사이에서는 그의 지향과 개혁을 향한 노력이 회자되는 가운데 '기묘팔현'으로 추앙되었다.

기준은 청요직 관료로서 지치를 추구했는데, 이는 기묘사림 대분분에 해당한다. 기묘사림은 특정 계보에 소속된 인사라기보다는, 신씨복위소 사건을 계기로 도학정치에 대한 지향이 강화되면서 결집한 청요직 관료들과 그에 동조했던 관료들이 주축이었다. 이들은 비록 기묘사화로 실각했지만 사대부 사회에서는 조광조·기준 등을 사(士)의 모범으로 추앙하며, 도덕적 정치 질서의 확산을 위한 자원으로 활용해 나갔다.

제 2 부

복재 기준의 도학사상과 문학

복재(服齋) 기준(奇遵)의 도학 사상과 그 실천

박학래

1. 들어가는 말

기묘사화(己卯士禍, 1519)와 이후 발생한 신사무옥(辛巳誣獄, 1521)은 성리학에 대한 이해를 기반으로 의리 구현을 위해 분투했던 당시 사림파 문인들의 사상적 지향이 큰 좌절을 맛본 사건이었다. 비록 도학적 이념의 실현을 향한 기묘사림(己卯士林)의 이상은 일시적으로 좌절되었지만, 이들이 추구했던 정치적 이상과 신념은 16세기 중반 이후 조선 성리학의 성장과 발전에 큰 영향을 끼쳤다.

성리학 수용 이후 체제 교학적 측면이 두드러졌던 조선 초기의 성리학 이해에서 벗어나 조선 성리학 발전의 새로운 이정표를 제시한 기묘사림의 학문적 사상적 지향은 이른바 지치주의(至治主義)로 구체화하였다고 할 수 있다. "도학(道學)을 높이고 인심(人心)을 바르게 하며, 성현(聖賢)을 본받고 지치(至治)를 흥기한다."[1]라는 입장 하에서 군주를 비롯한 지배층의 도덕성 확립을 비롯하여 사회 전반 의 유교적 교화를 추진한 이들의 정치 개혁은 그 바탕에 사서(四書) 를 비롯한 주요 경전에 대한 성리학적 이해와 『성리대전(性理大全)』 을 위시한 주요 성리서에 대한 이해가 자리 잡고 있었다고 할 수 있다. 그리고 이러한 도학적 측면의 성리학에 대한 이해는 이후 조 선 성리학의 특징적 면모를 구축하는 기반이 되었다고 할 수 있다.

　본고에서 고찰하는 기준(奇遵, 1492~1521)은 조광조(趙光祖, 1482~ 1519)와 더불어 기묘팔현(己卯八賢)[2] 중 한 사람으로 일컬어지는 대표 적인 사림파 문인이다. 그는 당대에 이미 "문학이 넉넉하여 그 명성 이 조광조에게 버금간다."[3]라는 평가를 받을 정도로 학문적 성취가 뛰어났던 인물이었다. 그의 성리학에 대한 이해는 초보적인 수준을 뛰어넘는 것이었다고 할 수 있지만, 기묘사화와 신사무옥으로 인해 짧은 생애를 살았고, 출사 이후 학문에 집중할 시간적 여유를 가지 지 못해 특기할 만한 성리학 관련 저술을 남기지 못하였다. 이에 따라 그간 기준에 대한 학계의 관심은 그가 남긴 『덕양유고(德陽遺 稿)』, 『복재선생문집(服齋先生文集) 등에 수록된 그의 시를 중심으로 한 문학 방면의 연구가 중심을 이루었다.[4]

1　『靜菴先生文集附錄』卷1, 1b,「事實」, "崇道學, 正人心, 法聖賢, 興至治之說."

2　己卯八賢은 金湜의 玄孫인 金堉이 『己卯諸賢傳』을 편찬하면서 기묘사림 중 趙光 祖, 鄭光弼, 金湜, 安瑭, 奇遵, 李長坤, 金淨, 申命仁을 八賢으로 지칭한 데에서 유래한 것이다.

3　『中宗實錄』30권, 중종 12년 10월 30일 1번째 기사, "富文學, 其聲名之重, 亞於 趙光祖."

하지만 기준은 출사 이전에 성리학에 대한 체계적인 이해를 도모하였을 뿐만 아니라 출사 이후 홍문관(弘文館)의 여러 직책을 거치며 지속해서 경연(經筵)에 참석하여 주요 경전을 강론하며 자신의 학문적 견해를 유감없이 제시하였다. 아울러 조광조와 함께 도학 정치의 실현을 위해 분투하였던 만큼 그는 여러 방면에서 자신의 사상적 견해를 표출하였다. 이러한 점에 유의하여 장지연(張志淵, 1864~1921)의 『조선유교연원(朝鮮儒敎淵源)』(1922)을 비롯하여 현상윤(玄相允, 1893~?)의 『조선유학사(朝鮮儒學史)』(1949) 등에서 다른 기묘명현과 함께 기준의 사상이 언급되었다. 하지만 통사류 저작의 서술 내용은 기묘사림에 대한 행적을 정리한 이차 저술을 근거로 기준의 행적을 간략히 소개하는 수준에 머물렀다. 이후 기준의 사상에 관한 연구자들의 관심이 구체화하지 않았지만, 1990년대에 접어들어 고양시에서 '고양팔현(高陽八賢)'의 학문과 사상을 검토하면서 기준의 학문과 사상을 검토한 개별 연구 성과가 제출되었다.[5] 하지만 이 연구논문 이후 그의 사상에 관한 후속 연구는 더 이상 발표되지 않았고, 최근 기준을 배향하고 있는 아산의 인산서원(仁山書院)에 대한 아산 지역의 관심이 제고되면서 기준의 생애와 정치 활동을 검토한

4　奇遵의 문학에 관한 연구 현황은 한민현, 「服齋 奇遵의 文學 硏究」, 충남대학교 박사학위논문, 2018, 3~5쪽 참조. 이 논문 이후 유진의, 「服齋 奇遵의 紀行詩 硏究」, 『韓國漢文學硏究』75, 2019.; 남현희, 「服齋 奇遵의 「六十銘」 창작 의도와 구성」, 『漢文學報』 41, 2019 등이 발표되었다.

5　김기현, 「복재 기준의 도학사상」, 『文峯書院과 高陽八賢』, 고양문화원, 1991, 125~147쪽. 高陽八賢은 고양의 文峯書院에 배향된 奇遵을 비롯하여 南孝溫, 金正國, 鄭之雲, 閔純, 洪履祥, 李愼儀, 李有謙을 가리킨다.

연구 성과가 제출되었다.[6]

현재까지 기준의 학문과 사상에 대한 검토가 부진한 것은 기준이 성리학과 관련한 별도의 저술을 남기지 않았기 때문이라 할 수 있다. 하지만 소략하지만 그의 문집과 『중종실록(中宗實錄)』을 비롯한 사료 등에는 그의 학문과 사상을 확인할 수 있는 자료가 어느 정도 남아 있다는 점에서 그의 학문과 사상을 확인하고 검토하는 것은 어느 정도 가능하다고 할 수 있다. 본고에서는 이러한 점에 유념하여 그의 학문 형성을 가학과 그와 직간접적으로 연결된 인물과의 교유를 중심으로 검토하고, 그가 제시한 도통 인식을 비롯하여 사장학 중심의 학문 풍토 비판 및 심학의 강조 등 그의 학문과 사상 경향을 살펴보고자 한다. 그리고 그의 도학 사상이 어떠한 방향으로 구체화하였는지를 검토하고, 이후 그의 도학 사상이 끼친 영향을 확인하고자 한다. 이러한 검토를 통해 기준이 가지는 사상사적 위상과 역할 등을 제시하여 기묘사림의 비중 있는 문인으로서 기준의 학자적 위상을 가늠하고자 한다.

---

6 김일환, 「복재 기준의 생애와 정치활동」, 『아산의 역사 문화 연구』, 보고사, 2021, 114~153쪽.

2. 정주학(程朱學)을 바탕으로 한 학문 형성과
   사림 의식의 공유

기준의 학문과 사상은 그와 직간접적으로 연계된 인적 관계망과
당대 사림파 중심의 사상 풍토 아래에서 형성되었다고 할 수 있다.
특히 그는 특정한 사승 관계 없이 스스로 진행한 학문 연찬을 통해
자신의 학문과 사상적 체계를 구축하였고, 사림파 일원으로 활동하
며 새로운 학풍 조성과 정치 개혁을 도모하였다는 점에서 그의 학문
형성 배경을 확인하기 위해서는 그를 둘러싼 사회적 관계망에 대해
유의할 필요가 있다.

기준은 1492년(성종 23)에 서울 청파(靑坡) 만리현(萬里峴)에서 5
남 1녀 중 막내로 태어났다.[7] 그는 태어난 지 얼마 지나지 않아 부친
기찬(奇襸, 1444~1492)이 사망하여 부친으로부터 직접 훈도를 받지
는 못했다. 하지만 그의 가문은 당대 유력한 가문 중 하나였을 뿐
아니라 일정한 가학 전통을 갖추고 있었던 만큼 기준은 가학을 기반
으로 자신의 학문 토대를 갖추기 시작하였다고 할 수 있다.

기준 가문의 가학 전통은 조선 초에 구체화하였다고 할 수 있다.
조선 개창 이후 그의 가문은 고조 기면(奇勉)이 공조전서(工曹典書)
를 역임한 이후, 그의 증조 기건(奇虔, 1390~1460) 대에 이르러 크게
번성하였다. 기건은 세종 때 학행으로 발탁된 이후 여러 관직을 거

---

7 奇襸과 첫 부인인 坡平 尹氏 사이의 소생이 奇逈, 奇遠이고, 두 번째 부인 安東金
   氏 사이의 소생이 奇适, 奇進, 奇遵, 그리고 朴忠元의 어머니인 기씨이다.

치며 청렴한 문인 관료로 정평이 높았을 뿐 아니라 『중용(中庸)』과 『대학(大學)』을 암송할 정도로 학문에도 조예가 깊었다. 단종 재위 시에 권력을 농단하던 관료들의 탄핵을 주도하는 등 지조 있는 면모를 보였던 그는 계유정난(癸酉靖難, 1453) 이후 청맹(靑盲)을 자처하며 두문불출(杜門不出)하였고, 세조의 여러 차례 회유에도 끝까지 절의를 지키는 등 가문 내에 의리적 기풍을 아로새겼다.[8] 이후 기준의 조부인 기축(奇軸, 1418~1464)은 음서로 관직에 나아간 후 사헌부 감찰 등을 거쳐 국가 재정 운영의 중심이었던 풍저창(豊儲倉)의 부사(副使)를 역임하는 등 비중 있는 관료로 활동하였고, 부친인 기찬도 문과 급제 후 이조정랑(吏曹正郎)을 거쳐 홍문관응교(弘文館應敎) 등을 역임하는 등 조정 내에서 주목받는 관료로 활약하였다. 이처럼 기준의 가문은 조선 개국 이후 지속해서 비중 있는 관료를 배출하며 일정한 가격(家格)을 유지하였고,[9] 특히 기건 대에 조성된 가학 전통은 기준이 활동하던 당시까지도 가문 자제들의 학문적 성취의 기반으로 작용하였다고 할 수 있다.[10]

---

8 柳馨遠, 『東國輿地志』卷1, 「京都·漢城府」, '人物', "奇虔. 其先幸州人. 居在靑 坡, 常徒步往來泮宮, 必暗誦中庸大學. 世宗朝, 以行義擢拜持平, 累遷大司憲, 至判漢城府尹. 廉介絶人, 累典州府, 多德政. 魯山時, 休官杜門, 手抄四書三經 左傳綱目. 世祖將受禪, 三往其第, 虔托以靑盲, 一日持針, 擬刺以試之, 虔瞪視 不搖, 竟不能起. 謚貞武."

9 奇遵 가문의 家格은 혼맥을 통해 확인할 수 있다. 奇襸의 첫 번째 부인인 坡平尹 氏는 태종의 딸인 淑慶翁主(1420~1494)의 손녀였고, 두 번째 부인인 安東金氏 는 司議 金壽亨의 딸이었다.

10 奇虔은 세조의 왕위 찬탈 이후 두문불출하여 四書三經과 『左傳』, 『通鑑綱目』을 손수 베껴 쓰는 등 학문에 관심을 기울였다. 이러한 기건의 학문에 대한 관심은

기준은 가학을 기반으로 모친의 배려 하에 형제들과 함께 착실하게 학문을 익혀 나갔다.[11] 타고난 품성이 뛰어났던 그는 어려서부터 누가 깨우쳐 주지 않아도 스스로 과정을 정해놓고 학문에 열중하였다. 독서하며 능히 수십 백의 말을 매일 기록하였던 그는 7세 때 『소학(小學)』을 깨우쳤고, 13세 때 문리(文理)를 통할 정도로 일찍부터 두각을 나타냈다.[12] 문사(文詞)뿐 아니라 필법(筆法)에서도 보통을 뛰어넘는 면모를 보였던 그를 두고 사람들은 모두 "기씨(奇氏)에게 뒤를 이을 만한 후손이 있다."라고 평하였다는 점에서 그의 학문적 성취는 주위의 주목을 받기에 충분한 것이었다.

관례(冠禮)를 치른 10대 중반 이후부터 구도(求道)의 뜻을 가졌던 그는 식사하는 것마저 잊을 정도로 학문에 전념하였다. 그는 한결같이 정자(程子)와 주자(朱子)를 법으로 삼았을 정도로 성리학에 관한 관심이 높았을 뿐만 아니라 모친과 형제들에게 효경(孝敬)을 다하였고, 사물에 나가서도 그 윤리를 다하고자 하였다. 이에 따라 그의

이후 가문 내에 일정한 가학 전통 수립으로 이어졌다고 할 수 있다.

11 奇遵의 형인 奇進은 "내가 어렸을 적에 집이 가난하여 어머니께서 몹시 고생하시면서 나를 길러 주셨다.…… 내가 子敬(복재 기준)과 가장 우애로워 항상 한 이불을 같이 덮고 누워서 '우리 형제가 모름지기 한 모퉁이를 담당해야 할 것이다.' 하였다."라고 당시를 회고하였다. 奇大升, 『高峯續集』 卷2, 9b, 「過庭記訓」, "予幼時家貧, 母氏劬勞鞠育.…… 予與子敬(服齋)最友愛, 常共被臥, 以爲吾兄弟, 須當一隅."

12 趙璥, 『荷棲集』 卷9, 19b~20a, 「服齋奇先生諡狀」, "公天資穎異, 讀書能日記數十百言. 七歲通小學, 十三成文章." 이하 奇遵의 생애와 관련한 내용은 朴忠元이 撰한 「德陽遺稿敍」, 鄭宲이 撰한 「行狀」(『服齋先生文集附錄』 卷2) 등을 참고하여 서술하였음. 이하 특기할 만한 내용이 아니면 출처 표시는 생략함.

명성 또한 더욱 성대해졌고, 그와 교유하는 사람들도 더욱 많아졌지만, 그는 선비로서 책임이 무겁고 갈 길은 멀다고 자임하며 학문에 정진하였다.[13]

착실하게 학문적 체계를 도모하던 그는 19세 때인 1510년(중종 5) 5월에 이르러 사림의 중망을 받고 있던 조광조를 따라 송도(松都)의 천마산(天磨山), 성거산(聖居山) 등지에서 정좌(靜坐)와 수성(修省) 공부와 더불어 경전(經傳)의 이치를 탐구하는 강학을 진행하였다. 당시 조광조와 함께했던 인사 가운데 기준만이 새벽 무렵인 오경(五更)에 일어나 자정 무렵인 삼경(三更)에 잠드는 수고로운 일과를 지속했고,[14] 이것을 지켜보던 조광조는 "그대가 이처럼 부지런히 하는 것이 너무 수고롭지 않은가?"라고 물었을 정도였다고 전한다.[15] 가을

---

13 『荷棲集』卷9, 19b~20a, 「服齋奇先生諡狀」, "旣冠慨然有求道之志, 專心學問, 一以程朱爲法. 事親奉兄, 盡其孝敬, 推之事物, 亦皆盡其倫理. 自是行益高名益盛, 交遊益附而公猶以任重道遠爲憂.";『服齋先生文集附錄』卷2, 1b, 「行狀(鄭案 撰)」. "甫成童, 專心問學, 發憤忘食.";『德陽遺稿』, 「德陽遺稿敍」(朴忠元 撰). "自是行益勵文益進, 交游益附, 華問大播."

14 『荷棲集』卷9, 20a, 「服齋奇先生諡狀」, "嘗從趙文正入天磨山, 深處爲靜坐修省之工, 間又紬繹經傳, 究其理奧. 夜以繼晝, 三更而寢, 五更而起, 歷數月不懈."

15 『荷棲集』卷9, 20a, 「服齋奇先生諡狀」, "趙文正呼公曰, 子敬勤苦如此, 不已勞乎? 蓋心與之也." 기준의 行狀을 찬한 鄭案은 조광조의 이 언급에 대해 '(조광조와 기준이) 서로 相長하는 말'(盖相長之言)이라고 하였고, 기준의 시장을 찬한 趙璥은 '대개 마음이 함께 하는 것(盖心與之也)'이라고 지적하였다. 이밖에 기묘사화 당시 공초 과정에서 기준이 "조광조는 젊어서부터 사귀어 왔다."(『中宗實錄』 37권, 중종 14년 11월 16일 8번째 기사)라고 한 것도 조광조가 기준의 스승이 아니라는 근거라 할 수 있다. 이러한 점에서 일부 연구에서 기준을 조광조의 문인이라고 평가한 것은 적절하지 않다. 김기현은 이러한 점에 유의하여 양자의 관계를 수학 과정의 동지로 파악하였다. 김기현, 「복재 기준의 도학사상」, 『문봉서원과 고양팔현』, 사단법인 고양문화원, 1991, 127~128쪽 참조.

까지 지속한 이때의 강학을 통해 기준은 김종직(金宗直)과 김굉필(金宏弼)로부터 비롯된 사림파의 학문과 사상을 접하게 되었고, 이전보다 선명하게 자신의 학문과 사상적 지향을 구축하게 되는 계기를 마련하였다고 할 수 있다. 특히 경전에 대한 이해뿐만 아니라 정좌와 수성(修省) 공부를 진행하였다는 점에서 이때의 강학을 통해 그는 도덕 실천에 대한 지향을 구체화하였다고 할 수 있다.

조광조와의 강학 이후, 기준은 22세 때인 1513년(중종 8)에 사마(司馬) 양시(兩試)에 합격하였고, 이듬해에 별시(別試) 병과(丙科)에 합격하여 본격적으로 관직에 나아갔다. 그가 과거를 통해 입사한 것은 일정 기간 과문(科文)에 관심을 기울였음을 의미한다. 하지만 과문에의 관심은 출사를 위한 일시적인 과정이었을 뿐 그의 학문과 사상의 지향은 정주학을 바탕으로 한 도덕 실천과 의리의 구현이었다.[16] 이러한 그의 사상적 지향은 그가 과거 시험의 답안으로 제출한 책문(策問)인 「입사도(立師道)」를 통해 확인할 수 있다. 그는 이 책문을 통해 삼대(三代)의 학문과 정주(程朱)의 도가 중요함을 역설하였을 뿐만 아니라 당시 사림이 가졌던 도통 의식을 제시하였으며, 특히 그는 『대학』의 내용을 거론하며 군주의 도덕 실천을 강조하는 등 정주학적 정치론을 유감없이 드러내었다.[17]

---

16 林淳은 "三代는 멀어졌고, 제왕은 가버려 들만에 버려진 현자가 없는 세상은 다시 오지 않게 되자 文詞를 통해 인재를 선발하는 과거의 법이 흥하게 되었다." 고 지적하고, 성인이 주자도 오히려 역학으로 과거에 급제하였음을 언급하면서, 기준이 "對策을 지어 조정에 들어가 그 명성이 왕이 있는 곳에 도달하였다."라고 평가하였다.(『思菴集』 卷4, 14b~15a, 「讀奇德陽遺稿謹議一篇」)

17 奇遵, 『德陽遺稿補遺』, 1a~6b, 「立師道」 참조. 이 대책문에서 주목되는 것 중

그의 학문과 사상을 구체화하는 과정에서 주목되는 것 중 하나는 조광조 이외에 개혁적 인사와의 교유라 할 수 있다. 가문 내 형제들과 함께 수학하며 성리학 이외에 다양한 학문 방면에 대한 이해를 도모하였던[18] 기준은 여러 경로를 통해 인연을 맺은 여러 인사들과도 학문 교유를 진행하였다. 처남인 윤자임(尹自任, 1488~1519)을 비롯하여 동서인 황효헌(黃孝獻, 1491~1532) 등 혼맥으로 연결된 사림 계열 문인들과는 출사 이전뿐만 아니라 출사 이후에도 긴밀한 관계를 유지하며 학문과 사상적 지향점을 공유하였다.[19] 특히 기준에 앞서 출사한 윤자임과는 기묘사화로 인해 함께 유배형에 처해 죽임을

하나는 君師에 관한 논의라 할 수 있다. 명시적으로 제시하지는 않았지만, 기준은 주자학에서 현실의 군주와 이상적인 군주상을 분리하고, 현실의 군주는 이상적인 군주인 '君師'가 되도록 노력해야 한다는 것을 수용하여 이와 관련한 내용을 강조하였다. 이러한 군주에 대한 논의는 출사 이후 기준의 주장을 통해 구체화하였고, 이후 군주성학론으로 발전하였다. 이 시기를 전후한 君師論에 대해서는 김정신, 「朝鮮前期 勳舊·士林의政治思想 比較」, 연세대학교 박사학위논문, 2008, 204~219쪽 참조.

18 奇進이 기준과의 수학 과정에 대해 "항상 天文圖를 模寫하고 또 『資治通鑑』을 베끼고 技藝에도 두루 통하기를 기약하여, 한 가지라도 터득한 것이 있게 하고자 했다."라는 언급한 것에서 확인되듯이, 당시 기준 형제는 성리학뿐 아니라 천문, 지리 등 다양한 방면에 관심을 기울였다. 기준이 출사한 후 1516년(중종 11) 11월에 천문학과 관련 서적을 강습하는 天文肄習官에 보임된 것도 이러한 것과 무관하지 않다고 할 수 있다.

19 1515년(중종 10)에 奇遵과 黃孝獻(1491~1532)이 동시에 홍문관 정자에 제수되자, 당시 이조판서 박열이 尹子任이 이미 홍문관 박사가 되었고, 황효헌·기준이 모두 윤자임의 매부라는 것을 거론하면서 상피를 언급한 것에서 조광조와의 강학 이후인 20세를 전후한 시기에 기준이 훈구파의 일원인 尹金孫의 딸과 혼인하였고, 이것이 계기가 되어 처가의 신진 인사들과 긴밀하게 교유한 것으로 추정된다. 출사 이후 기준은 황효헌과 함께 賜暇讀書를 명받았을 뿐 아니라 天文肄習官에 제수되었다.

당할 때까지 지속해서 학문뿐 아니라 개혁 정치의 지향점을 함께
하는 등 모든 방면에서 지향점을 공유한 동지였다.[20]

　이처럼 기준은 출사 이전까지 정주학에 근거하여 주요 경전에 대
한 학습을 진행하였고, 조광조를 비롯한 사림파 문인, 혼맥으로 연
결된 신진 인사들과의 교유를 통해 학문과 사상의 지향점을 구체화
하였다고 할 수 있다. 특히 그의 학문적 사상적 지향은 정주학에 기
초한 것이었고, 도학 정치를 실현하고자 하는 열망이 응축된 것이었
다고 이해할 수 있다.

3. 도학 사상의 전개

　기준의 사상적 면모는 출사 이후 그와 관련한 『조선왕조실록(朝
鮮王朝實錄)』의 기록을 통해 확인할 수 있다. 그는 도학 사상과 관련

20　奇遵이 교유한 인사 가운데 가장 주목되는 인사는 그의 처남인 윤자임이라 할
　　수 있다. 출사를 전후한 시기에 이미 윤자임과 학문 연찬을 함께 하며 사상적
　　지향점을 공유한 진행한 기준은 관직 재직 중에도 그와 의기투합하여 도학적
　　지향을 분명히 표명하였다. 그리고 아산 유배 때에「牙山謫居詠懷」라는 시를
　　지어 보내는 등 지속해서 인간적인 연대감을 유지하였다. 함경도 온성으로 이배
　　된 후에도 기준은 그와 20편에 가까운 시를 주고받으며 유배 생활에서의 소회를
　　나누었을 뿐 아니라 윤자임이 작성한「天象圖」에 대해 시를 짓는 등 학문에 대한
　　생각을 나누기도 하였다.(奇遵, 『德陽遺稿』卷3,「題仲耕天象圖」, "二十八宿包
　　天經, 日月五緯相錯行. 北極南極貫樞紐, 一機運運萬化成.") 윤자임이 작성한
　　천상도의 소재는 불분명하지만, 천상도를 그릴 정도로 윤자임은 천문에 대해
　　상당한 이해를 갖추고 있었고, 기준도 이에 못지 않았다고 할 수 있다.

한 별도의 저작을 남기지 않았지만, 기묘사화에 연루되어 아산으로 유배되기 전까지 채 5년이 되지 않은 기간에 주로 홍문관의 관료로 재직하면서 도학 정치의 이상을 실현하고자 분투하였다.[21] 특히 그는 국왕이 참석한 경연(經筵)을 비롯하여 차자(箚子) 등을 통해 자신의 학문적 입장과 사상적 견해를 유감 없이 제시하였다. 비록 당시 활동한 조광조를 위시한 사림파 학자들과 사상적인 측면에서 큰 차별점이 드러나지는 않지만, 기준은 출사 이전에 구축한 자신의 학문 체계와 사상적 지향을 바탕으로 도학 정치의 실현과 의리 구현을 도모하였다. 이러한 점에서 기준의 사상은 이른바 의리 구현을 위한 도학적 측면이 두드러진다고 할 수 있다.

1) 절의를 중심으로 한 도통 인식의 확립

기준을 비롯한 사림파 문인들은 추구한 사상은 의리 실천을 통한 '도학'이었다. 의리 실천이라는 대의를 바탕으로 성리학적 가치 체계를 실현하고자 한 당시 사림파 문인들은 자신들이 추구하는 도학의 정통성을 확보하고, 이를 기반으로 개혁 정치의 정당성을 확인하고자 하였다. 그리고 이러한 인식이 구체적으로 표면화한 것이 자신

---

21 奇遵의 관직 재임 기간은 불과 5년이 채 안 된다. 하지만 그는 24세 때인 1515년 (중종 10) 3월에 조정의 학술 연구 기구이자 국왕의 고문 역할을 담당하는 弘文 館의 正字에 보임된 후 賜暇讀書를 명 받았고, 이듬해부터 홍문관 修撰, 校理, 應敎 등 주로 홍문관에서 활동하였다. 특히 그는 經筵에 참여하여 자신의 학문적 정치적 소신을 기탄없이 밝혔다.

들의 학문 연원이 되는 정몽주(鄭夢周)를 비롯한 절의파 문인들의
문묘 종사 운동이었다고 할 수 있다.

성리학이 관학으로 정립된 조선 초에 학술을 주도한 중심 문인들
의 도통 인식은 대체로 이제현(李齊賢) – 이색(李穡) – 권근(權近)으로
이어지는 것이었다. 세종 대 초기에 정수홍(鄭守弘)을 비롯하여 권
근의 문인인 김반(金泮) 등이 지속해서 이들의 문묘 종사를 청원한
것은 이러한 도통 인식이 반영된 것이라 할 수 있다.[22] 특히 성균관
에서 많은 문인을 배출하며 성리학 연구를 주도한 김반이 "최치원
(崔致遠), 설총(薛聰), 안향(安珦)의 뒤에, 오직 이제현이 도학(道學)
을 창명하였고, 이색이 실로 그 정통을 전하였는데, 신의 스승 권근
이 홀로 그 종지를 얻었습니다."[23]라고 언급한 것은 이 시기의 문인
이 가졌던 도통 인식을 대변하는 것이라 할 수 있다.

세조 대에 이르러 양성지(梁誠之, 1415~1482)가 선현들의 문묘 종
사를 건의하면서 이색 대신 정몽주를 거론하는 등 이전 시기의 도통
관에 균열 현상이 드러나기 시작하였고, 성종 대에는 임사홍(任士
洪, ?~1506)이 경연에서 이제현, 이색, 권근 등의 학문에 대해 이의
를 제기하는 등 이전 시기의 도통 인식은 비판의 대상이 되었다. 임
사홍의 견해에 대해 성종도 찬성의 뜻을 보임에 따라 더 이상 이들

---

22 세종 대의 문묘 종사 청원에 대해서는 지두환, 「朝鮮前期 文廟從祀 論議 : 鄭夢
周·權近을 중심으로」, 『역사와 세계』 9, 1985.; 설석규, 「조선시대 유생의 문
묘종사 운동과 그 성격」, 『조선사연구』 3, 1994; 김용헌, 『조선 성리학, 지식권
력의 탄생』, 프로네시스, 2010 등 참조.
23 『世宗實錄』 59권, 세종 15년 2월 9일 4번째 기사.

에 대한 문묘 종사 논의는 구체화하지 않았고, 이러한 것은 도통의
기준이 학문의 업적이 아니라 도학의 실천에 있음을 확인하는 것이
었다고 할 수 있다.[24]

성종 대 이후 변화된 도통 인식은 기준에게도 적지 않은 영향을
끼쳤다. 그는 정몽주와 김굉필의 문묘 종사 운동이 본격화되기 이전
에 이미 분명한 도통 의식을 가지고 있었고, 이색을 비롯한 조선 초
의 도통관에 대해 비판적 인식을 분명히 하였다. 그는 이색에 대해
"쇠미한 시대에 주창하여 한때의 학자들이 울연히 나왔지만, 이것
도 그저 문사만 교묘히 꾸며서 이록(利祿)을 취한 것이었고, 부처에
게 아첨하는 요망한 영웅일 따름"이라고 비판하고, "고인지도(古人
之道)를 진작시켰다는 것은 듣지 못하였다"라고 하여 그의 학문을
평가 절하하였다.[25] 권근에 대해서도 "한 때 리학(理學)의 종장이었
다,"라고 그의 학문을 평가하면서도 "입신과 사업이 저와 같이 비루
하니, 감히 입에 담을 수 없다."라고 하여 불사이군의 태도를 저버
린 그의 처신을 비판하였다.[26]

조선 초의 도통 인식에 대해 비판적 인식을 가졌던 기준은 출사
이후 조광조 등과 함께 정몽주를 비롯하여 사림파 학자들의 문묘
종사 운동을 전개하였다. 이전부터 김종직이 정몽주를 '리학으로 우

---

24 김용헌, 「조선전기 사림파 성리학의 전개와 특징」, 『국학연구』 19, 2011, 52쪽.

25 『德陽遺稿補遺』 3a, 「立師道」, "以至于牧隱, 倡之於衰微之際, 一時學者蔚然而
出, 然此特巧文詞取利祿, 諂佛妖妄之雄耳. 未聞能振其古人之道."

26 『德陽遺稿補遺』 3a, 「立師道」, "至於楊村, 一時理學之所宗, 而立身事業, 如彼
其卑鄙, 何敢置於齒牙間哉?"

리 동방의 조종(祖宗)이 된다.'라는 견해를 계승하였던[27] 그는 1517
년(중종 12) 2월에 열린 경연에서 "전조(前朝) 때 정몽주의 리학은 우
리 동방의 종주(宗主)이며, 아조 김종직도 또한 그런 사람인데, 이
두 사람의 풍도를 들은 사람은 지금도 사모합니다."라고 언급하여
자신이 가졌던 도통에 대한 인식의 일단을 피력하였다.[28] 그리고 그
해 8월에 열린 경연에서 도학의 연원이 정몽주로부터 비롯되었음을
확인하며 다음과 같이 자신의 도통 의식을 분명히 제시하였다.

> "우리 나라는 도학이 밝지 못하여 인심이 흐렸었는데 고려말에 오직
> 정몽주가 빼어나게 태어나서 리학의 종(宗)이 되어 그 연원을 조금 열
> 어 놓았고, 아조에 있어서는 사습(士習)이 비루하여 나아갈 바를 몰랐
> 었는데 김굉필(金宏弼)이 젊어서 김종직에게서 수업하여 문호(門戶)를
> 조금 알고 스스로 송유(宋儒)의 끼친 실마리를 얻어서 규모를 극진히
> 하고, 그 동정(動靜)과 시위(施爲)가 바로 정자(程子)·주자(朱子)와 같
> 았으니, 성경(聖經)을 드러내지는 못하였으나 평소에 정도(正道)를 닦
> 은 공(功)은 지극히 크며, 그 뒤로 사림이 이 사람을 사모하여 착한 마
> 음을 일으켜 다투어 본떴으니, 행여 크게 유위(有爲)한 선비가 그 사이
> 에 나와 이 사람이 바른 것을 닦은 도(道)를 본받는다면 사문(斯文)을
> 도운 공이 참으로 작지 않을 것이며, 성경을 드러내지 않았더라도 후학
> (後學)에게 훌륭한 혜택을 입힌 공이 지극할 것입니다. 그러니 묘정(廟
> 庭)에 종사하는 일은 단연코 망설일 것이 없습니다."[29]

---

27 『德陽遺稿補遺』 3a~b, 「立師道」, "本朝佔畢齋獨推圃隱曰, 理學爲東方之祖.
愚於此少有取焉."
28 『中宗實錄』 27권, 중종 12년 2월 14일 1번째 기사.
29 『中宗實錄』 29권, 중종 12년 8월 8일 1번째 기사.

이처럼 기준은 정몽주로부터 비롯되어 김종직을 거쳐 김굉필로 이어진 도통의 계보를 명확히 하고, 이러한 도통이 정주학의 정통을 계승한 것임을 분명히 제시하였다. 이러한 인식은 비단 기준만이 가졌던 것이 아니라 그와 함께 개혁 정치를 주도하던 사림파의 공통된 것이었다. 그리고 이러한 인식은 외면적으로 정몽주와 김굉필의 문묘 종사를 관찰하고자 하는 것이었지만,[30] 그 이면에는 도학의 정통성이 이러한 계보를 통해 자신들에게 이어졌음을 확인하고, 자신들이 추구하는 개혁 정치가 정당성을 가지고 있음을 상징적으로 드러내는 것이었다고 할 수 있다.

한편, 절의를 바탕으로 도통 의식의 일단을 구체화한 기준은 사육신(死六臣)의 복권에 대해서도 관심을 기울였다.[31] 그는 "성삼문(成三問), 박팽년(朴彭年) 등이 세조에게는 역적이 되고 노산(단종)에게는 충신이 되는데, 그때에는 부득이 죄를 가하였으나 이제는 무슨 혐의가 있겠습니까?"라고 절의를 기준으로 사육신을 평가하여야 한다고 주장하였다. 특히 그는 "위란(危亂)할 즈음에 두 마음을 품지 아니하여 이와 같은 몇몇 사람이 있는 것은 워낙 드문 일이니 추장(推獎)해야 합니다."라고 이들의 절의를 숭상하여야 함을 역설하면

---

30 정몽주와 김굉필의 문묘 종사 논의는 1510년(중종 5)에 정몽주의 문묘 종사 건의를 시작으로 구체화하였고, 이후 1517년(중종 12)에 정몽주와 함께 김굉필의 문묘 종사 주장이 제기되었지만, 이해에 정몽주의 문묘 종사만 결정되었다.

31 사육신의 복권은 기준 이외에 鄭順朋 등 사림파 문인들의 공통된 인식이었다고 할 수 있다. 특히 기준이 이들의 절의를 숭상해야 한다고 주장한 것은 그의 증조부인 기건이 계유정난 이후 은거를 선택했던 행적과도 무관하지 않은 것이라 할 수 있다.

서, "이렇게 하고서야 나라가 쇠약해지더라도 전복하는 화(禍)가 없고, 어진 사람이 많이 나서 사직(社稷)이 힘입을 바가 있을 것입니다."라며 사육신을 난신으로 버려두지 말고 절의를 숭상하여 후세에 권장하여야 한다고 주장하였다.[32]

이처럼 기준은 절의를 중심으로 도통 인식을 구체화하면서 정몽주의 문묘 종사를 이끄는 데 기여하였을 뿐 아니라 사육신을 비롯한 전대의 절의파 인사에 대한 추숭 의식을 분명히 드러내었다. 이러한 그의 의식과 활동은 그의 학문과 사상적 지향이 의리 실천의 도학에 있음을 보여주는 것이라 이해할 수 있다.

2) 사장(詞章) 중심의 학문 풍토 비판과 도학 교육의 강조

정몽주의 문묘 종사가 이루어진 후 기준은 제문(祭文)을 통해 "이단(異端)을 물리쳐 끊었고 강상(綱常)을 북돋아 심으시니 만고의 사도(斯道)가 이에 힘입어 밝아졌네."라고 그의 학덕을 추숭하면서도, "나는 오직 도학으로 사문(斯文)을 흥기하고자 힘쓰지만, 따르는 자들이 선하지 못하여 그 지취(旨趣)가 어지럽게 되었네."라고 당시의 학문 풍토에 대해 우려감을 표명하였다.[33] 그가 정몽주에 대한 제문에서조차 당시 학문 풍토에 대해 비판적 인식을 드러낸 것은 리학을 숭상하지 않은 당시 세태에 대한 인식이 있었기 때문이라 할 수

---

32 『中宗實錄』 29권, 중종 12년 8월 5일 2번째 기사.
33 『德陽遺稿補遺』 6b~7a, 「正德丁丑, 文廟而廡, 圃隱鄭先生夢周從祀祭文(應製. 出圃隱先生集附錄).

있다.

기준이 인식한 도학은 단순히 경전의 자구에 대한 이해에 머무는 것이 아니라 의리 실천의 근거와 명분을 확립하여 일상에서 도덕을 실천하는 것이었다. 그는 "옛사람의 학문하는 방법은 들어가면 효(孝)하고 나가면 제(悌)하며 행하고서 남은 힘이 있으면 글을 배우는 것이었다."라고 전제하고, "지금 국가가 진흥시키는 방법은 다만 사장을 제술(製述)하고 훈고(訓詁)를 외는 일에 힘쓸 뿐이고, 효제(孝悌)·충신(忠信) 등의 일은 업신여기므로 사기(士氣)가 저상하여 직언(直言)하고 극간(極諫)하는 선비가 없다."고 지적하며, 그 원인으로 연산군 대의 사화(士禍)를 거론하였다.[34]

무오사화(戊午士禍, 1498)로 인해 도학의 전통을 계승한 김일손(金馹孫, 1464~1498) 등 여러 유자(儒者)가 죽임을 당하고, 이에 따라 이록(利祿)을 꾀하는 것만으로 자제를 가르치고 학문하는 근본을 가르치지 않아 사습(士習)이 무너졌다는 것이 당시 학문 풍토에 대한 그의 진단이었다. 사림이 화를 겪은 이후 학문의 중심이 되어야 할 학사(學舍)가 적막해졌으며, 인심 또한 참연(慘然)하여 조정에 충직하고 강개(慷慨)한 기풍이 없어졌고, 혹여 도학에 매진하고자 하는 선비가 있어도 이들을 업신여기는 풍토가 조성되었다는 것이다.[35]

이러한 인식을 바탕으로 그가 비판의 대상으로 지목한 것은 사장 중심의 학풍과 이러한 학풍의 근원이 되는 과거 시험이었다. 그는

---

34 『中宗實錄』 29권, 중종 12년 8월 27일 1번째 기사.
35 『中宗實錄』 29권, 중종 12년 8월 27일 1번째 기사.

"근세의 선비는 작록(爵祿)을 꾀하는 것만 알아서 사장(詞章)을 외는 것을 일삼는데, 이는 이록(利祿)을 앞세우고 심술(心術)을 훼손하는 것"이라 지적하고, 도학의 약화 원인으로 과거에 급제하기 위해 사장만을 숭상하는 것을 손꼽았다.[36] 나아가 그는 사장학이 만연하게 된 원천으로 당시 학문을 주도하던 유숭조(柳崇祖, 1452~1512)를 지목하여 비판하였다.[37]

---

36 『中宗實錄』 29권, 중종 12년 8월 27일 1번째 기사.
37 柳崇祖는 성종 대에 출사하여 강직한 관료로 주목을 받았을 뿐만 아니라 연산군 대에 직간을 서슴지 않아 유배를 다녀오기도 한 충직한 성격의 소유자이었다. 중종반정 이후 복직하여 성균관 대사성 등을 역임하며 성리학에 대한 깊이 있는 이해를 구체화한 조선 전기의 대표적인 성리학자인 그는 조선 초의 관학 계열의 학풍에서 완전히 벗어나지는 않았지만, 『大學十箴』, 『性理淵源撮要』 등의 저술을 통해 성리학의 이론적 이해를 심화하였다. 특히 그는 성리학 수용과 전개 과정에서 당대 누구보다도 성리학에 대한 체계적인 이해를 도모하며 왕도정치 이념의 확립에 공헌하였다고 평가할 수 있다.(유숭조의 사상적 위상과 역할에 대해서는 김종석(2011), 「도통론에 가려진 조선중기의 유학자, 진일재 류숭조」, 『국학연구』 19, 한국국학진흥원 참조.) 비록 사림파의 학맥과 구분될 뿐 아니라 관학적 학문 경향에서 벗어나지 않았지만, 성리학에 대한 체계적인 이해와 저술을 이룩한 유숭조에 대해 기준이 '장구만 아는 학문'이고, '몸을 다스리는 학문이 아니다'라고 평가한 것은 그의 저술 가운데 『七書諺解』 때문이 아닌가 추정된다. 사서삼경에 대해 언해를 가하여 유학 경전에 대한 이해와 보급 확대에 기여한 이 저술은 기준에게 경전의 장구만을 알게 하는 통로로 비칠 개연성이 높고, 이러한 점에서 의도하지 않았지만 유숭조가 도덕 실천이라는 유학 본연의 지향점과는 일정하게 거리가 있다고 여겨질 가능성이 작지 않았다고 할 수 있다. 이러한 추정은 후대의 평가이기는 하지만 李毅遠(1764~1846)이 유숭조의 학문을 평가하면서 "경서를 언문으로 풀어서 지금까지 경연이나 試場에서 널리 쓰이고 있다."라고 지적한 것에서 확인할 수 있다.(柳崇祖, 『眞一齋先生文集別錄』, 「龍阜書院創建記」(李毅遠 撰), "諺解經書, 至今通行講筵試場." 김종석, 앞의 논문, 88쪽에서 재인용) '시장에서 널리 쓰이고 있다.'라는 것은 결국 『칠서언해』가 과거 시험의 교재로 널리 활용되었음을 의미하는 것이고, 이것은 결국 유숭조의 학문을 '장구만 아는 학문'으로 비판받을 수 있는 지점이라 할 수 있기 때문이

근자에 유숭조의 학문은 장구(章句)만 아는 학문이요 몸을 다스리는
학문이 아니니, 임금께서 반드시 도학으로 나라를 다스린다면, 아랫사
람들이 바람에 풀 쓸리듯 하여 사습과 풍속이 반드시 저절로 고쳐질 것
입니다.[38]

사장 중심의 학문 풍토를 비판하면서 기준은 도학의 정착과 확
산에 주목하였다. 그는 "치란(治亂)이 모두 학술에 달린 것"이라고
전제하고, 중종에게 도학에 마음을 두기를 권면하였다. 특히 그는
중종에게 "임금께서 반드시 도학으로 나라를 다스린다면, 아랫사람
들이 바람에 풀 쓸리듯 하여 사습(士習)과 풍속(風俗)이 반드시 저절
로 고쳐질 것입니다."라고 하여 국왕부터 도학에 힘쓸 것을 역설하
였다.[39]

나아가 그는 도학의 기풍을 진작하기 위해서는 무엇보다 교육을
통한 인재 양성이 필요하다고 지적하였다. 그는 세종 대에 성삼문
등 인재를 배출되었음에도 계유정난으로 인해 그 맥이 이어지지 못
하였고, 성종 대에 김종직의 문하에서 김일손 등 여러 문인이 나왔
지만 사화로 인해 그 맥이 끊어졌다고 진단하였다.[40] 이전 시기의

다. 기준의 비판 이후 조광조도 "유숭조가 비록 학술이 있었다지만 그의 사람됨
이 거칠고 경박하여, 儒者의 일을 알지 못했습니다."(『中宗實錄』 27권, 중종 12
년 2월 20일 병인 2번째 기사)라고 비판하는 등 유숭조에 대한 사림들의 대체적
인 인식은 부정적이었다.

38 『中宗實錄』 27권, 중종 12년 2월 14일 1번째 기사.

39 『中宗實錄』 27권, 중종 12년 2월 14일 1번째 기사.

40 기준은 자신도 젊을 때 『소학』이 어떤 것인지 몰랐다고 술회하고, 그 원인으로
무오사화로 인해 金馹孫 등 여러 유자가 잇달아 죽어서 士林의 禍가 참혹하였던

정치적 격변으로 인해 학문 풍토뿐만 아니라 사회 기풍이 무너졌다고 파악한 그는 "사림이 화를 겪은 이래로 학사(學舍)가 쓸쓸하고 인심이 참연(慘然)하여 조정에 충직하고 강개(慷慨)한 기풍이 없어졌다."[41]고 비판하며, "임금이 스승을 존중하여 학교를 일으키는 일을 가장 중요한 것으로 여기면 아랫사람의 추향이 저절로 바르게 될 것입니다."[42]로 제안하였다.

기준이 도학 진흥을 위한 교육에서 특히 주목한 것은 『소학』을 중심으로 한 동몽(童蒙) 교육이었다.[43] 그는 "효제(孝悌)는 온갖 행실의 근본"이라고 전제하고, "천자로부터 서인(庶人)에게 이르기까지 모두 이를 앞세워야 한다."라고 강조하였다. 그는 삼대(三代) 이전에는 학교를 중시하고 효제를 숭상하여, 사람이 나서 8세가 되면 소학에 입학시키고 15세에는 대학에 입학시켜, 효제와 몸을 닦고 사람을 다스리는 도리로 교도했기 때문에 인재가 많이 배출되고 풍속과 교화가 아름다웠지만, 당시에는 『소학』을 배우려는 사람이 있더라

것과 함께 과거에만 몰두하여 부형들이 利祿을 꾀하는 것만으로 자제를 가르치고 학문하는 근본을 가르치지 않아 풍속과 사습이 무너졌기 때문이라 진단하였다. 『中宗實錄』 29권, 중종 12년 8월 27일 1번째 기사 참조.

[41] 『中宗實錄』 29권, 중종 12년 8월 27일 1번째 기사.

[42] 『中宗實錄』 25권, 중종 11년 6월 4일 1번째 기사.

[43] 『소학』 교육의 강조는 비단 기준뿐 아니라 당시 사림의 공통된 인식이었다. 『中宗實錄』에 따르면, 1509년(중종 4)부터 『소학』 교육을 강조하는 의론이 제시되기 시작하였고, 1516년(중종 11)부터 집중적으로 『소학』 교육에 대한 강조와 함께 『소학』 보급 조치가 시행되었다. 이러한 『소학』 교육의 강조와 확산의 중심적 역할은 기준과 밀접하게 교유한 金安國이 담당하였다. 정호훈, 「조선전기 『小學』 이해와 그 학습서」, 『韓國系譜研究』 6, 2016, 84~93쪽 참조.

도 사람들이 다투어 비웃기 때문에 강습하지 않는다고 당시 세태를
비판하였다. 그리고 국가에서 "인재를 젊었을 때 배양하는 것은 앞
날에 쓰기 위한 것이니, 국가에서 동몽학(童蒙學)을 설치한 것은 생
각이 여기에 있던 것인데, 이제는 볼 수가 없으니 마땅히 거듭 밝혀
야 합니다."[44]라고 하여 『소학』을 중심으로 한 동몽 교육의 실행을
강조하였다.[45]

　기준을 비롯하여 사림파 문인들이 『소학』 교육을 강조한 배경은
연산군 대의 폐단을 청산하고 새로운 시대를 열고자 하는 열망이
자리하고 있었다. 이들은 사화로 인해 피폐해진 학문과 사회 풍토를
일신하기 위해서는 이익보다는 도덕 실천을 앞세워야 하고, 도덕 실
천을 위해서는 도덕적 수양이 전제되어야 한다고 인식하였다. 이에
따라 기준을 비롯한 사림파 문인들은 『소학』을 통해 도덕 실천의
기초를 다지고, 이를 통해 사회적 기풍을 진작하여 정치 개혁을 실
현하고자 하난 토대를 마련하고자 한 것이었다고 이해할 수 있다.[46]

　『소학』 교육의 강화와 더불어 기준은 당시 학교 교육의 개혁에도
관심을 기울였다. 그는 당시 성균관의 교육이 모두 과거에 응시하기
위한 것이라 지적하고, 마음을 다스리고 몸을 닦는 등의 일이 무슨
일인지도 모를뿐더러 하는 자가 없다고 비판하였다. 그리고 뜻있는
자가 성균관에 유학(遊學)하고자 하더라도 성균관 유생에게 비웃음

을 받고 끝내 유학하지 못하는 폐단이 있다고 비판하고, 이러한 사
습(士習)의 원인으로 사장(師長)을 지목하였다.[47] 그리고 "성균관, 사
학(四學)의 관원은 가려서 맡겨야 하며, 선비들은 어릴 때부터 가르
치고, 성균관, 사학에 이르러서는 절차탁마(切磋琢磨)하여 뒷날에
나가서 조정의 소용이 되게 하면 어찌 아름답지 않겠습니까?"라고
지적하고, "만약에 이런 풍속을 고치지 않고서 지치(至治)를 보고자
한다면 끝내 얻을 수 없을 것이니 유념하셔야 합니다."[48] 하고 하여
백성을 위한 정치를 위해서는 학교 교육의 일대 혁신이 선행되어야
함을 강조하였다.

이렇듯 기준은 연산군 대 이후 피폐해진 학문과 사회 풍토를 개
혁하기 위해 무엇보다 사장(詞章) 중심의 학문 풍토에서 벗어나야
함을 역설하였다. 그리고 백성을 위한 정치의 실현을 위해서는 도학
이 추구하는 도덕의 실천이 무엇보다 중요함을 역설하면서『소학』
교육과 실천, 그리고 이를 뒷받침하는 교육 개혁을 주장하였다. 이
러한 견해는 대체로 당시 사림파 문인들의 공통된 생각이었다는 점
에서 기준만의 특징적 면모라고 할 수 없지만, 전대 학문에 대한 비

---

47 『中宗實錄』28권, 중종 12년 7월 27일 신축 1번째 기사. 성균관의 교육을 주도
하는 師長이 무너진 사습의 원인으로 지적한 것은 앞서 서술한 바와 같이 사장
학에 경도된 당시 학풍에 대한 비판에 따른 것이라 할 수 있다. 기준이 師長의
문제점을 지적하기에 앞서 韓忠(1486~1521)이 金湜(1482~1520)의 학문적 역
량이 있음에도 불구하고 사가독서의 명을 받지 못함을 지적한 것은 당시 사림파
들이 성균관을 비롯하여 당시 학술을 주도하는 기존의 문인들이 아닌 도학에
정통한 사림파 인사들이 학교 교육을 담당하여야 한다는 것을 주장한 것이라
할 수 있다.
48 『中宗實錄』29권, 중종 12년 8월 27일 1번째 기사.

판과 함께 당시 학풍에 대한 날카로운 지적은 기준이 가졌던 도학에
의 열망을 드러내는 사례 중 하나라 할 수 있다.

3) 심학(心學) 강조와 성리학에 대한 체계적 이해의 도모

도학에 대한 열망이 컸던 기준은 성리학에 대한 체계적인 이해를
도모하며 도학 정치의 사상적 기반을 구축하고자 하였다. 출사한 이
후 지속해서 홍문관에 재직하면서 경연에 참석하여『대학』,『대학
연의(大學衍義)』,『근사록(近思錄)』등을 강론하였고,『논어』,『예기』
등 주요 경전을 근거로 자신의 견해를 개진하였다는 점에서 기준은
출사 이전에 주요 경전에 대한 이해에 근거하여 일정한 사상적 체계
를 구축하고 있었다고 할 수 있다.

기준은 출사 이전에 자신의 기본적인 학문과 사상 체계를 마련하
였고, 특히『근사록』에 주목하였다. 그는 중종과의 야대(夜對)에서
『근사록』을 진강하면서 김안국(金安國)이『근사록』과『대학연의』
를 체득하여 생각하며 독실히 실행하면 다스림과 교화가 여기에서
나오게 될 것이라 지적하자, 다음과 같이『근사록』에 대한 자신의
견해를 제시하였다.

　『근사록』은 곧 심학(心學)의 길잡이이자 핵심입니다. 이 책을 힘써
공부하여 존양(存養)·성찰(省察)하고 먼저 마음 다스리는 요법을 알게
되면, 자연히 날로 고명해져 온갖 일들이 환하게 막힘이 없게 될 것이
므로, 마땅히 깊이 탐구하여 터득해야 합니다. 옛날 삼대 이후의 임금

들 가운데 누구인들 잘 다스리고 싶지 않았겠습니까? 그러나 잘 다스
리지 못한 것은 도학(道學)이 밝게 드러나지 않아 마음을 말단의 일에
만 썼기 때문입니다. 마땅히 제왕은 조금의 쉼도 없이 심학에 매진해야
합니다.[49]

　주자가 여조겸(呂祖謙)과 함께 편집한『근사록』은「태극도설(太極
圖說)」,「서명(西銘)」등의 중요한 장구를 선별하여 편찬한 일종의
성리학 해설서이다. 주자가 수신의 대법(大法)이『소학』에 갖추어졌
다면,『근사록』은 의리의 정미함을 상세히 밝힌 것이라고 스스로
밝혔듯이,[50]『근사록』은 마음공부와 관련하여『심경(心經)』과 더불
어 중요시되었던 저작이었기 때문에 일찍부터 마음공부와 결부하여
이해되었다.[51]『근사록』이 차지하는 학문적 위상과 역할에 대해 익
히 알고 있었던 기준은 중종에게『근사록』을 '심학의 길잡이이자 핵
심'으로 전제하고, 이 책을 통해 존양과 성찰의 마음공부에 주력할
것을 주문한 것이다.
　기준이『근사록』을 심학, 즉 마음공부와 결부하여 강조한 것은

49　『中宗實錄』26권, 중종 11년 10월 8일 11번째 기사.
50　朱熹,『朱子語類』卷105,「朱子」2, '近思錄'. "脩身大法, 小學備矣, 義理精微,
　　近思錄詳之."
51　문종 대에 金宗瑞(1382~1453)는『근사록』과 관련하여 "마음이란 것은 一身의
　　主宰이고, 萬事의 근본이니 마음이 진실로 바르지 못하면 만사가 틀리게 되는
　　데, 하물며 君主는 億兆의 위에 자리하고 있으면서 庶政 萬機를 한 몸으로 統攝
　　하게 되니, 그 마음을 먼저 바로잡아 정치를 하는 근원을 맑게 하지 않겠습니까?
　　이 글에 기재된 것은 모두가 마음을 바로잡고 몸을 修鍊하는 요령이므로 군주가
　　마땅히 먼저 講讀할 것입니다."라고 심학과 관련하여『근사록』을 이해하였다.
　　『문종실록』3권, 문종 즉위년 8월 11일 1번째 기사.

백성을 위한 정치의 실현과 결부된 것이었다고 할 수 있다. 앞서 지적한 바와 같이, 기준을 비롯한 사림파 문인들이 파악한 도학 침체의 원인은 이록(利祿)에 치우쳐 도덕 실천을 등한시하고, 과거에 급제하기 위해 글을 짓고 읽는 사장 중심의 학풍이었다. 하지만 사림파 문인들이 추구한 방향은 도덕과 의리의 실현이었고, 이를 위해서는 마음을 다스리고 도덕적 본성을 함양하는 끊임없는 자기 수양, 즉 마음을 바르게 하는 공부가 전제되어야 하는 것이었다. 그렇기 때문에 기준을 위시한 사림파 문인들은 일상에서의 도덕 실천을 이끌기 위해『소학』교육과 실천을 강조하면서, 동시에 위정자를 비롯한 지배층의 자기 절제와 마음공부를 강조하였고, 이를 위해『근사록』에 주목한 것이라 할 수 있다.[52]

마음공부와 결부하여『근사록』의 의미를 파악한 기준은 이 책의 내용에 대해서도 일정한 이해를 갖추고 있었고, 이를 통해 정치 개혁을 도모하기도 하였다. 경연에서 채침(蔡忱)이『근사록』의「태극도설」에 대해 "글이 비록 간략하지만, 천지 만물의 이치가 모두 그 속에 갖추어졌으니 진실로 심상한 글이 아니다."라며, "한가하실 때 차분히 함영(涵泳)하여 깊이 이치를 탐구할 것"을 주문하자, 기준은 "『근사록』은 전부가 간절하게 묻고 자신의 주변에서 생각한 것인

---

52 김용헌은 사림파 문인들이 자신들을 포함한 위정자들에게 요구한 것은 마음을 바르게 하는 공부, 즉 심학과 이에 바탕을 둔 엄격한 도덕성이었다고 지적하고, 이것이 도학의 본래 정신으로 돌아가는 것이었다고 파악하였다. 기준을 포함한 사림파 문인들이『소학』실천과 심학을 강조한 것이 가지는 도학사적 의미와 정치적 함의도 이와 같다고 평가하였다. 김용헌, 앞의 논문, 49쪽.

데, 반드시 「태극도설」을 앞에 놓은 것은 성리(性理)의 근본이기 때문"이라고 하여 도덕의 근원적 실체에 대한 자신의 이해를 드러내었다.[53] 그리고 그는 『근사록』에 근거하여 정전(井田)을 포함한 토지제도에 대한 자신의 견해를 제시하고,[54] 백성은 같은 동포(同胞)인 이치를 제시하기도 하였다.[55]

하지만 기준을 비롯하여 당대 사림파 문인들의 성리학과 관련한 핵심적인 일부 저작에 대한 이해는 충분한 것은 아니었다고 할 수 있다. 경연에서 한충(韓忠, 1486~1521)이 "독서당(讀書堂)에 있으면서 리학(理學)을 읽으려 하였으나, 우리나라는 리학이 전하여지지 못한 지가 오래라 배울 데가 없었습니다."[56]라고 언급한 것에서 확인되듯이, 당시 사림파 문인들은 사서삼경 등 주요 경전에 대한 이해를 어느 정도 갖추고 있었지만, 『성리대전(性理大全)』을 비롯하여 주요 성리서에 관한 이해에서는 일정한 한계가 있었다.[57] 이러한 상황에서 조정에서는 『성리대전』에 대한 체계적인 이해를 도모하기 위해 이 책을 강론할 인사를 선발하였고, 기준은 당시 21인 중 한 사람으로 선발되었다.[58] 기준이 『성리대전』을 강론할 관료로 선발

---

53 『中宗實錄』 26권, 중종 11년 10월 13일 2번째 기사.

54 『中宗實錄』 36권, 중종 14년 7월 2일 2번째 기사.

55 『中宗實錄』 36권, 중종 14년 9월 28일 1번째 기사. '民同胞之理'에 대한 견해를 제시하였다는 것은 「西銘」에 대한 일단의 이해를 갖추고 있었음을 의미한다.

56 『中宗實錄』 28권, 중종 12년 7월 27일 1번째 기사.

57 洪彦弼(1476~1549)도 중종에게 "요사이 『性理大全』을 강론하고 싶어도 해석할 사람이 없다."고 진언하기도 하였다. 『中宗實錄』 27권, 중종 12년 2월 20일 5번째 기사.

58 당초 26인이 추천되었지만, 기준을 비롯하여 南袞·金安國·李耔·金淨·趙光祖·

되었다는 것은 체계적으로 성리학에 대한 이해를 도모하는 계기를
마련한 것이라 할 수 있다.[59]

『성리대전』은 명대(明代)에 왕명으로 호광(胡廣) 등이 송대(宋代)
와 원대(元代)의 성리학자들이 남긴 다양한 학설을 모아 편찬한 70
권 분량의 방대한 성리학 방면의 유서(類書)이다. 1419년(세종 1)에
수입되어 이후 주요 문인들을 중심으로 『성리대전』에 대한 이해가
도모되었지만, 세종 대의 실용적인 학풍과 이후 사장학에 대한 관심
이 고조되면서 중종 대에 이르러 이 책에 대한 이해를 충분히 갖춘
문인은 제한적이었다고 할 수 있다.[60]

金世弼·申光漢·金正國·金絿·洪彦弼·金湜·韓忠·朴世熹·鄭𪐴·張玉·趙佑·
李希閔·黃孝獻·權雲·李忠楗 등 21인이 최종 선정되었다. (『中宗實錄』36권,
중종 14년 5월 17일 기유 2번째 기사) 이들 가운데 『성리대전』에 대한 강독은
김식이 주도하였던 것으로 보인다. 『성리대전』 강독 인사 선발에 앞서 韓忠이
"신이 賜暇받은 동료 朴世熹, 尹衢와 『性理大全』을 읽으려 하였으나 解讀이 어
려워, 김식에게도 사가를 주어 동료와 함께 배울 수 있도록 청하려 하였다."(『中
宗實錄』28권, 중종 12년 7월 27일 1번째 기사)라고 언급한 것에서 이를 확인할
수 있다. 그리고 이때 선발된 인사들은 대부분 사림파 문인이었다는 점에서 『성
리대전』 강독은 성리서에 대한 체계적 이해와 더불어 도학 이념을 공유하는 자
리였다고 추정할 수 있다.

59 당시 『성리대전』에 대한 강독은 다음과 같이 진행되었다. "講讀하는 사람은 하
루에 2~3장을 보되, 만약 쉽게 이해되는 곳은 장 수에 구애되지 않으며, 旬末에
이르러 홍문관에 모여서 서로 질문하여 辨正하고, 월말에 이르러 홍문관의 掌務
官이 그 달에 질정한 장수를 써서 아뢰고, 또 사철 끝 달에 강독한 사람의 이름을
써서 入啓해서 4~5인을 지정하여 읽은 곳을 강론하게 하되, 강론하는 날은 임시
에 取稟한다. 또 홍문관의 大提學, 提學 및 金安國, 李耔, 金淨, 趙光祖 등이
질문하고 변정하는 날에 매양 와서 논란하며, 또 이 선발에 끼지 못한 사람이라
도 앞으로 홍문관에 들어가는 자는 또한 강독에 참여한다."(『中宗實錄』34권,
중종 13년 11월 6일 1번째 기사)

60 김용헌, 앞의 논문, 59~60쪽.; 우정임, 「조선 전기 『性理大全』의 이해과정」,

성종 대에 이미 『주자대전(朱子大全)』, 『주자어류(朱子語類)』 등이
수입되었지만 크게 유통되지 않았고,[61] 아울러 당시까지는 아직 주
자학이 학문의 주류를 형성하지 않은 상태였기 때문에 주자의 저작
에 대한 체계적인 이해가 이루어지지 않았다고 할 수 있다. 대신 송
대부터 원대의 성리설 전반을 담고 있을 뿐만 아니라 역사를 위시하
여 시문(詩文) 등을 망라한 『성리대전』은 성리학 이해의 중심 저서
로 활용되었다고 할 수 있다. 이러한 점에서 기준이 참여한 『성리대
전』에 대한 강독은 성리학에 대한 체계적인 이해를 이끌며 도학 정
치의 이념적 기반을 제공하였을 뿐 아니라 16세기 중반 이후 주자서
를 통한 주자학 이해의 심화를 이루는 전 단계로서 성리학 이해의
중심을 이루었다고 할 수 있다.

　기준이 『성리대전』에 대한 이해를 어느 수준까지 이루었는지에
대해서는 확인할 수 없다. 하지만 『성리대전』 강론 참여 이후 그가
경연이나 여러 저술에서 제시한 내용을 통해 볼 때, 일정 수준 이상
의 이해를 이루었던 것으로 추정된다.[62] 특히 그와 깊은 학문적 교유

　　『지역과 역사』 31, 2012, 264~265쪽.

61 『朱子大全』를 비롯한 朱子書의 수입 시기는 단정할 수 없지만, 1476년(성종 7)
　에 謝恩使로 명을 다녀온 鄭孝常 등이 성종에게 『朱子語類』, 『朱子大全』 20권
　을 바쳤다. 『成宗實錄』 67권, 성종 7년 5월 13일 을묘 1번째 기사 참조.

62 기묘사화가 발생하던 1519년(중종 14) 7월에 史臣이 기준에 대해 "金처럼 쟁쟁하
　고 옥처럼 윤택하여 濂洛의 학문에 깊으므로 당시 사람들이 (鄭鷹과) 雙璧이라
　고 지목했었다."(『中宗實錄』 36권, 중종 14년 7월 16일 1번째 기사)라는 평가에
　서 기준이 성리학의 측면에서 상당한 수준에 있었음을 추정할 수 있다. 아울러
　유배기에 저술한 「圍籬記」에서 『周易』 卦辭를 인용하여 자신의 논의를 전개한
　것 등도 그가 성리학 전반에 걸쳐 일정한 수준에 도달하였다고 할 수 있다. 하지

를 진행한 안처순(安處順, 1492~1534)이 구례 현감으로 재임하면서 『근사록』을 판각하여 간행하면서 기준에게 발문을 요청한 것 등을 통해 볼 때,[63] 기준이 가졌던 학문적 역량이 당대 학문의 중심에 서 있었음을 보여주는 한 사례라 이해할 수 있다.

4. 도학 사상의 구현을 위한 노력

기준은 성리학에 대한 이해를 도모하며 출사 이후 도학 사상의 실현을 위해 다양한 노력을 전개하였다. 그의 도학 사상 구현을 위한 노력은 대체로 중종과 함께한 경연을 통해 진행되었다. 이전 시기도 마찬가지이지만, 중종 대에 이루어진 경연은 단순히 경전에 대한 이해를 도모하는 것에 그치는 것이 아니라 정치적 기능도 수행하는 공론 정치의 장이었다는 점에서 기준의 도학 정치 구현을 위한 노력은 경연을 통해 이루어졌다고 할 수 있다.

기준이 참여한 경연의 주 교재는『대학』,『대학연의』등이었다. 『대학』과『대학연의』는 모두 제왕학의 교과서로 인정받아 중국에

만 김기현은 기준이 "비록 단편적 비체계적이긴 하지만 태극, 이기, 오행 등의 용어를 만물의 존재 및 생성과 관련하여 구사하였다."고 지적하며, 16세기 중기 이후 성리학에 비해 질박하다고 평가하였다. 김기현, 앞의 논문, 133쪽.

63 『德陽遺稿補遺』, 16a, 「答安順之書」(出安順之家己卯諸賢簡帖), "且近思錄垂畢. 可喜. 所求跋尾, 當囑元沖公, 隨其製之早晚而送之." 기준 관련 문집 및 자료에는 안처순과 주고받은 편지만이 수록되어 있다.

서는 송대 이후 경연의 교재로 활용되었고, 조선에서도 일찍부터 경
연에서 강론되었다.[64] 중종 대에 접어들어 사림파 문인들은 두 저작
에 대한 경연을 통해 도학 정치의 실현을 꾀하였으며, 특히 수신(修
身)을 이룬 사람만이 현실 정치를 올바로 펼쳐 나갈 수 있다는 논리
를 강조하였다.

기준도 『대학』과 『대학연의』를 진강하면서 사림파 문인들과 마
찬가지로 수신, 제가(齊家)를 강조하였다. 그가 수신과 관련하여 특
히 주목한 것은 효제(孝悌)의 실천이었다.[65] 효제가 모든 행실의 근
본이라고 전제한 그는 『논어』의 "군자는 근본에 힘을 쓰는데, 근본
이 세워지면 도가 비롯되는 것"[66]을 인용한 후, "도를 행함은 효제로
부터 시작되어 백성에게 인(仁)을 베풀고 만물을 사랑함으로 이루어
진다."[67]고 강조하여 도의 실현의 출발점이자 근본이 효제임을 다음
과 같이 역설하였다.

---

64 중국 및 조선에서 경연 교재로 활용된 『대학』과 『대학연의』의 내용과 의미에
지두환, 「朝鮮前期 『大學衍義』 이해과정」, 『泰東古典研究』 10, 1993.; 정재훈,
「조선 전기 『대학』의 이해와 성학론」, 『진단학보』 86, 1998.; 김세봉, 「朝鮮前
期의 『大學(衍義)』 認識」, 『東洋古典研究』 16, 2002.; 정재훈, 「대학연의(大學
衍義)와 조선의 정치사상」, 『韓國思想史學』 64, 2020. 등 참조.

65 기준이 도의 실현 측면에서 효제를 강조한 것은 단순한 주장에 그치지 않았다.
그는 牙山 유배 중에 모친을 만나기 위해 잠시 적소를 벗어나 논란의 대상이
되었고, 이후 穩城으로 이배되어 남긴 적지 않은 시가 모친과 형제에 대한 그리
움을 담고 있다는 점에서 기준은 평생토록 효제를 실천하고자 하였다고 할 수
있다.

66 『論語』 「學而」, "君子務本, 本立而道生."

67 『中宗實錄』 26권, 중종 11년 10월 28일 1번째 기사.

효도는 곧 온갖 행실의 근본이니 위에서 지성으로 하신다면, 인심이
자연히 화순해져 어그러진 풍습이 없어질 것입니다. 근래에 세상의 도
의가 쇠퇴하고 야박해져 모두 효제의 도리를 모르므로 전연 화순한 풍
속이 없습니다. 옛사람의 말에 '어버이 섬김이 효성스러우므로 효도를
옮겨 임금에게 충성하게 된다.'라고 하였는데 이렇게 옮겨지는 기틀이
모두 위에서 지성으로 실행하기에 달린 것이니, 친친(親親)하고도 백성
에게 인(仁)하고 백성에게 인하고도 만물을 사랑하신다면, 아래 백성이
자연히 감화될 것입니다.[68]

삼대(三代)에 이상 정치가 실현된 배경도 윗사람들이 모두 효제를
실천했기 때문이라고 본 그는 중종에게 형정(刑政)이 아닌 도덕의
실천, 즉 효제의 실천을 강조하였다.[69] 효제를 중심으로 가까운 곳
에서 먼 곳에까지 도덕의 실천을 강조한 기준은 도의 실현을 위해
언로(言路)를 넓히고 사기(士氣)를 길러야 할 것을 강조하였으며, 이
러한 그의 입장이 극명하게 표출된 계기는 신씨복위(愼氏復位) 상소
로 인한 논란이었다.

1515년(중종 10) 8월에 당시 담양 부사였던 박상(朴祥, 1474~
1530), 순창군수 김정(金淨, 1486~1521), 무안 현감 유옥(柳沃, 1487~
1519)이 중종반정 이후 공신(功臣)에 의해 폐위된 신비(愼妃)를 복위
하는 것이 옳다는 상소를 올렸고, 이에 따라 조정에서는 일대 논란

---

68 『中宗實錄』26권, 중종 11년 11월 2일 1번째 기사.
69 『中宗實錄』26권, 중종 11년 10월 28일 1번째 기사. 기준이 무엇보다 효제를
   강조한 것은 과거제뿐 아니라 孝廉이 있는 사람이면 발탁하여 임용하는 '孝廉科」
   의 시행을 요청한 것에서도 확인된다. (『中宗實錄』26권, 중종 11년 11월 2일
   1번째 기사 참조)

이 빚어졌다. 이때 기준은 다른 사림파 문인들과 함께 신씨복위소가 그릇된 의논임을 인정하면서도 상소를 올린 것이 구언(求言)에 따른 것이기 때문에 용서하고, 이것을 계기로 언로(言路)를 넓히고 사기(士氣)를 길러야 한다고 주장하였다.[70]

몇 년간 이 상소를 두고 논란이 지속되는 과정에서 특히 주목되는 것 중 하나는 기준이 윤자임과 함께 올린 차자의 내용이라 할 수 있다. 기준은 1516년(중종 11) 3월에 올린 차자에서 "국모(國母)를 폐출(廢黜)하는 죄는 진실로 만세토록 형벌을 면치 못하는 법"이라고 지적하고,[71] 박상 등의 상소가 만세의 정론(正論)을 편 것이기 때문에 이것을 수용하지 않고 형벌을 주는 것을 불가하다는 견해를 피력하였다. 이 차자 이전에 박상 등의 상소 내용이 그릇된 논의라고 한 사림파 문인들의 태도에서 벗어나 신씨를 복위하는 것이 타당하다고 본 기준과 윤자임의 강경한 태도는 결국 훈구파 문인들과의 차별성을 부각하고, 도학 사상의 실현을 위한 입장을 선명하게 제시한 것이라 할 수 있다. 그리고 이러한 태도의 변화에는 의리(義利), 공사(公私), 시비(是非)의 엄격한 구별을 통해 도학 사상의 현실화를

---

70 『中宗實錄』 22권, 중종 10년 8월 22일 4번째 기사. 이때는 기준은 홍문관의 여러 관료와 함께 箚子를 통해 이러한 뜻을 밝혔고, 이후 지속해서 이러한 입장을 경연 등을 통해 개진하였다. 신씨복위소에 대해서는 적지 않은 연구 성과가 제시되었다. 그 가운데 이 사건의 배경, 경과, 내용 등에 대해서는 이해준, 「신씨복위소 論難과 재평가의 성격」, 『유학연구』 28, 2013, 39~51쪽 참조.

71 당초에 이 차자를 기초할 때 이 구절에 대해 홍문관의 다른 인사들은 지나치다고 주저하였지만, 기준과 윤자임은 이를 수용하지 않고 이 구절 그대로 차자를 올렸다.

기하려는 입장이 전제된 것이었다고 할 수 있다.

> 대범 천하의 일이란 옳음과 그름 두 가지뿐인 법이니, 어찌 한 가지
> 일이 양시양비할 이치가 있겠습니까? 옳은 듯하면서도 그른 것이 있고
> 그른 듯하면서도 옳은 것이 있기 때문에 만일 털끝만큼이라도 차오(差
> 誤)가 있으면, 반드시 한편에 치우쳐 따를 바를 찾지 못하게 되는 것인
> 데, 그럴 때 혹시 누가 그 틈을 노려 사특한 의논을 하여 사람들의 귀를
> 혼란시키게 되면, 시비가 전도되고 조정이 시끄러워져서 생기는 화란
> (禍亂)을 구원하지 못하게 되는 법입니다.[72]

신씨복위소 사건 초기의 양시양비론(兩是兩非論) 입장에서 벗어
나 선명하게 옳음을 추구하고자 한 기준의 견해는 도학 정치를 실현
하고자 하는 강경한 태도와 연관된 것이라 할 수 있다. 기준이 조광
조를 비롯한 사림파 문인들과 함께 군자와 소인의 판별을 엄격히
할 것을 주장한 것을 비롯하여[73] 현량과(賢良科) 설치, 소격서 혁파,
공신호(功臣號)의 재정리 등 지치를 실현하기 위한 일련의 정치적 조
치를 추진한 것은 이와 같은 선명한 가치 판별을 바탕으로 전개된
것이었다고 할 수 있다.

도학 정치의 실현을 추구한 기준은 민생의 안정에도 관심을 기울
였다. 그는 『맹자』의 언급에 주목하여 "백성은 일정한 생업이 있은
연후에 항심(恒心)이 있는 법"이라고 지적하고, "반드시 먼저 우리

---

72 『中宗實錄』 24권, 중종 11년 3월 12일 1번째 기사.
73 『中宗實錄』 24권, 중종 11년 4월 18일 2번째 기사.

백성들의 의식을 족하게 하여 위로 부모를 섬기고, 아래로 처자를 먹여 살리는 낙이 생기도록 한 연후에 교화를 펼 수 있을 것"[74]이라고 하여 도덕의 실현을 위한 민생 안정을 역설하였다.

나라의 근간이 백성이고, 백성의 삶이 곤궁하면 나라가 위태로워질 수밖에 없다고 본 그는 연산군 대 이후 기근으로 인해 민생이 곤궁한 것에 주목하고, "백성 중에서 전토(田土)를 가진 자가 얼마 안 되고, 한 두둑의 전토를 가진 자도 마침내 생계를 유지할 수 없어, 있을 곳을 잃고 떠돌며 굶어 죽는 사람이 이어지고 있다."라고 지적하고, 공잠(公蠶)의 폐단을 개혁할 것도 주장하였다. 특히 그는 공자가 '재용(財用)을 아껴 백성을 사랑하라'는 언급을 인용하며 "재용을 절약해야 백성을 아낄 수 있는 것인데, 만약에 재용을 절약하지 않으면 반드시 백성의 재물을 노략질하게 될 것이며, 백성이 제때 할 수 없게 하면 반드시 농사를 짓지 못하게 될 것"이라고 하여 조세와 요역(徭役)의 감면과 함께 국가 재정 지출의 절약을 강조하기도 하였다.[75]

이처럼 기준은 경연과 차자 등을 통해 도학 사상의 현실적 실현을 도모하였다.[76] 채 5년이 안 되는 관직 생활이었지만, 기준은 도학

---

[74] 『中宗實錄』 27권, 중종 12년 2월 22일 3번째 기사.

[75] 『中宗實錄』 29권, 중종 12년 8월 5일 2번째 기사.

[76] 김일환은 기준의 도학 사상의 현실적 실현 활동을 개혁적인 정치 활동으로 파악하고, 언로의 확대, 민생의 안정, 구습의 혁파, 종친의 우대, 원자(元子) 교육 강화, 궁금(宮禁) 세력 단속, 성리학 장려와 학문 탐구, 인재 등용과 사습 배양 등으로 나누어 검토하였다. 김일환, 『아산의 역사 문화 연구』, 보고사, 2021, 130~136쪽.

사상의 실현을 향한 강렬한 열망을 바탕으로 국왕 앞에서도 신랄한 현실 비판을 주저하지 않았으며, 기탄없이 도학의 실현을 제안하는 등 당대 비중 있는 사림파 문인으로 활동하였다고 할 수 있다.

5. 맺음말 – 도학 사상사에서의 위상과 영향

30세라는 짧은 삶을 영위하며 기준(奇遵)은 의리 구현과 결부한 도학에 대한 열망을 실현하고자 분투하였다. 출사하기 이전에 특정한 스승 없이 스스로의 노력을 통해 성리학에 대한 이해를 도모한 그는 20세를 전후한 시기에 조광조를 종유하며 사림파와의 학문적 사상적 연대를 구체화하였고, 혼맥을 통해 연결된 윤자임, 황효헌 등과의 인연을 지속하며 출사 이후 도학 사상의 실현을 위해 헌신하였다.

김식(金湜)의 아들인 김덕수(金德秀, 1500~1552)의 대표 문인이자 이황의 문하에도 출입했던 윤근수(尹根壽, 1537~1616)는 기묘사화 당시의 여러 문인에 대해 "문장은 한(漢)나라를 본받아야 하고, 글씨는 진(晉)나라를 본받아야 하며, 시는 당(唐)나라를 배우고, 인물은 송(宋)나라의 유학자들을 표준으로 삼았다."라고 지적하고, 기준을 김정, 김구(金絿)와 함께 대표 인물로 거론하였다.[77] 그리고 그는

---

77 尹根壽, 『月汀集別集』 卷4, 32a, 「漫筆」, "己卯諸賢一時之論以爲, 文則法漢,

이들에 대해 "고문을 성취하지는 못했지만 모두 한나라의 문장을 본받고 정자와 주자의 위기지학(爲己之學)으로 서로 독려하였다. 그리고 그들이 시행한 것은 바로 임금과 백성을 요순시대의 임금과 백성처럼 만들려는 것이었다. 송나라 유학자의 기풍을 듣고 흥기하지 않았다면 그렇게 할 수 있었겠는가?"[78]라고 평가하였다. 윤근수의 이러한 평가는 일정한 한계는 있지만, 기준을 비롯한 사림파 문인이 도학을 흥기하는 데 기여하였음을 확인한 것이라 할 수 있다.

기준은 특히 당대에 문장으로 높은 평가를 받았다. 김종직의 문인이었지만 사림파와는 대척점에 섰던 남곤(南袞, 1471~1527)은 당시 문장으로 명성이 있던 윤구(尹衢, 1495~?)와 기준의 문장을 비교하며 "기준의 문장은 유사(儒士)의 문장이고, 윤구의 문장은 문사(文士)의 문장으로 기축(機軸)이 다르다."[79]라고 구분하여 평가하였다. 이러한 평가를 통해 우리는 기준이 단순히 문장을 잘 지었던 문사에 그치는 것이 아니라 도학적 지향점을 바탕으로 문장을 통해 자신의 학문과 사상을 구현하고자 하였음을 확인할 수 있다.

앞서 지적한 바와 같이, 기준은 당대 사림파의 대표적인 문인으로 도학에 대한 체계적인 이해와 실현을 위해 분투하였지만, 자신의 성리설을 제시하는 단계에까지는 도달하지 못하였다. 비슷한 시기에 활동한 이언적(李彦迪, 1491~1553)이 태극 논쟁을 진행하고, 『구인록

書則法晉, 詩則學唐, 人物則當以宋諸儒爲準. 如金元冲金大柔奇子敬輩是已."
78 『月汀集別集』卷4, 32a,「漫筆」, "古文雖未成就. 皆矩矱漢文者也, 以洛建爲己之學相策勵, 而其所設施, 則欲堯舜君民, 謂非聞宋儒之風而興起, 可乎?"
79 『德陽遺稿』「德陽遺稿䟦」, "奇文儒士之文, 尹文文士之文, 機軸不同云."

(求仁錄)』을 비롯하여 『대학』과 『중용』 등에 대한 주석서에 해당하는 『대학장구보유(大學章句補遺)』, 『중용구경연의(中庸九經衍義)』, 그리고 도학의 실천적 규범인 예서에 해당하는 『봉선잡의(奉先雜儀)』 등의 저술을 남긴 것과 비교한다면, 도학 사상사의 흐름 속에서 기준의 성취는 그리 크지 않다고 할 수 있다. 하지만 30세라는 짧은 생애를 살다 갔고, 더구나 본격적으로 학문 활동을 전개할 시간이 거의 없었다는 점에서 저술의 미비는 그리 문제가 되지 않는다고 할 수 있다. 대신 그가 경연 등을 통해 제시한 도학의 이념과 지향은 이후 조선 성리학의 만개를 예비하는 사상적 기반을 구축하는 데 일조하였다는 점에서 그의 도학 사상이 가지는 의미는 절대 작지 않다고 할 수 있다.

도학 사상사의 전개에서 의미 있는 역할을 담당한 기준은 문장뿐 아니라 도학의 측면에서 당대에 이미 주목할 만한 문인으로 평가를 받았다. 그리고 그는 조광조를 비롯한 주요 사림파 문인들과의 교유를 통해 자신의 도학 이념을 명확히 하고, 도학 사상의 실현에 주력하였다. 그가 교유한 인사는 『덕양유고(德陽遺稿)』에 수록된 다수의 시와 『중종실록』의 기사 등을 통해 확인할 수 있다.

『덕양유고』의 시를 통해 교유한 인사는 사림파의 선배격인 김안국(金安國, 1478~1543)을 비롯하여 기묘사화와 이어진 신사무옥 등으로 인해 유배형을 받거나 죽임을 당한 박세희(朴世熹, 1491~1530), 김정, 한충, 김식 등으로 확인된다. 이들 이외에 도학 정치의 실현을 위해 분투하며 함께 관직 생활을 했던 유성춘(柳成春, 1495~1522), 이청(李淸, 1483~1549), 김광철(金光轍, 1493~1550), 이수동(李

壽童, 1480~?), 최명창(崔命昌, 1466~1536), 김석(金錫), 장옥(張玉, 1493~?), 윤구(尹衢, 1495~?) 등과도 일정한 교유를 진행하며 시를 주고받았다.[80] 그만큼 기준은 자신의 사상적 지향을 당대 주요 사림파 인사들과의 교유를 통해 확인하고 함께 도의 실현에 주력하였다고 할 수 있다.

이처럼 주요 사림파 인사들과 지속해서 교유를 진행하면서 기준은 친인척 자제를 대상으로 한 교육에도 관심을 기울였다. 비록 그의 문인으로 확인되는 인물은 『덕양유고』 간행을 주도한 그의 외조카 박충원(朴忠元, 1507~1581)뿐이지만,[81] 박충원이 13세가 되던 때 기준 문하에서 사서이경(四書二經)과 『당음(唐音)』 등을 익혔다는 기록 등을 통해 볼 때,[82] 기씨 가문 내의 자제 이외에 혼맥 등을 통해 인연을 맺은 여러 가문의 자제를 대상으로 강학을 진행한 것으로 추정된다. 특히 박충원이 비록 출사한 후 홍문관, 성균관 등 학문의 요직을 두루 거쳤고, 명종 대에 대제학을 사양한 이황(李滉)을 대신

---

80 기묘사화 당시 공초를 받으면서 기준은 "조광조는 젊어서부터 사귀어 왔으며, 김식·김구·김정은 늦게 상종하였다."라고 하였다.(『中宗實錄』37권, 중종 14년 11월 16일 8번째 기사) 이러한 발언을 통해 기준의 사림파 인사와의 교유는 출사 이후에 진행된 것이었다고 할 수 있다.

81 朴忠元의 모친은 기준의 누이이다. 그는 1531년(중종 26) 문과에 급제한 후 여러 관직을 거쳐 천안군수로 재임하면서 기준의 아들 奇大恒의 요청에 따라 『덕양유고』의 출간을 진행하였다. 그는 「德陽遺稿敍」에서 "자신처럼 보잘것없는 자를 가르치고 깨우쳐 대강 향방을 알게 하고 오늘날에 있게 한 것은 공이 붙들어 주고 인도해 준 처방이 아님이 없다."라고 술회하였다.

82 柳根,『西坰集』卷6, 1b,「密山世稿序」. "嘗聞之, 服齋奇先生, 實駱村舅氏. 服齋在朝時, 公年纔十三, 學四書二經及楊士弘所選唐音輒成誦, 及長, 大肆力於書史."

하여 이 직위에 올랐다는 점 등은[83] 기준의 학문적 영향과 무관하지
않다고 할 수 있다.

　박충원 이외에 기준의 학문적 영향을 확인할 수 있는 인물은 그
의 조카이자 이황과 더불어 사단칠정 논쟁을 벌인 기대승(奇大升,
1527~1572)이라 할 수 있다. 기대승은 어릴 때부터 부친인 기진(奇
進, 1487~1555)으로 훈육을 받아 학문적 체계를 구축하였고, 기진으
로부터 들은 내용을 「과정기훈(過庭記訓)」으로 정리하였는데,[84] 이
저술에는 숙부인 기준과 관련한 내용도 수록되어 있다는 점에서 기
대승은 부친을 통해 기준의 학문적 지향을 이해하고 계승하고자 하
였음을 확인할 수 있다. 이러한 점은 기진의 아들인 기대항(奇大恒,
1519~1564)으로부터 『덕양유고』를 받은 후, "한번 유고를 보고서 계
부의 마음을 구하여 그 알 수 있는 것을 찾아보려고 생각하였습니
다."라고 한 후, "공(公)께서 세도(世道)를 자임한 것과 행사한 시종
(始終)을 또한 알 수가 있습니다."라고 하면서 숙부의 뜻을 이어 나
갈 뜻을 드러낸 것에서 어느 정도 확인할 수 있다.[85] 더구나 기대승
이 사림의 정통을 계승한 인물로 인식되었다는 점은 기준의 영향에
따른 것이었다고 할 수 있다.

　기준의 학문적 영향은 당대와 그 이후 호남 지역을 중심으로 유
배지였던 아산, 온성, 그리고 기준 가문의 근거지인 고양 등지에서

---

83 정용건, 「낙촌(駱村) 박충원(朴忠元)의 문학 세계 고찰」, 『어문논집』 92, 2021,
　　110~111쪽.

84 『高峯先生續集』 卷2, 9a~10a, 「過庭記訓」.

85 『高峯先生續集』 卷2, 4a~6a, 「謝惠德陽遺稿書」.

펼쳐졌다고 할 수 있다. 그와 긴밀하게 교유했던 인사 가운데 김정, 윤구, 안처순 등 수다한 인사들 가운데 호남 사림의 비중이 작지 않았다. 그리고 기준이 실제로 호남을 방문하여 어린 김인후(金麟厚, 1510~1560)를 격려하며 붓을 주었다는 일화[86] 등은 기준과 호남 유학과의 연관성을 확인하는 증거라 할 수 있다.[87] 기묘사화 이후 기준의 형제 가운데 기원(奇遠, 1481~1522)과 기진 등이 호남 장성과 광주로 이거하여 그 후손들이 기준을 중심으로 한 가학 전통을 이어나갔고, 16세기의 기효간(奇孝諫, 1530~1593)을 비롯하여 19세기의 기정진(奇正鎭, 1798~1879), 기우만(奇宇萬, 1846~1916)에 이르기까지 지속해서 가문 내 주요 학자들이 이러한 가학 전통에 대한 계승 의식을 숨기지 않았다는 점에서 기진의 영향은 지속적이었다고 할 수 있다.[88]

　호남 이외에 그의 유배지였던 아산에서는 광해군 대에 동방 오현(五賢)의 학문과 덕행을 추모하기 위해 창건된 인산서원(仁山書院)에 기준을 추배하여 그의 학덕을 기렸고, 또 다른 유배지인 온성의 유

86　『德陽遺稿附錄』, 13a~b, 「聞金河西家, 藏服齋先生所贈筆有感」(申欽)

87　조원래는 기준이 서울 태생이지만, 그의 부친인 奇禶이 영광군수를 역임하면서 전라도와 연고를 맺었고, 이후 모친이 아들을 따라 무장에 기거하였다는 점을 들어 기준을 호남사림으로 분류해도 문제되지 않는다고 파악하였다. 조원래, 「사화기 호남사림의 학맥과 김굉필의 도학사상」, 『동양학』 25, 1995, 262쪽.

88　奇遵의 傍孫인 奇宇萬이 1899년에 『덕양유고』의 초간본을 재편하여 『服齋先生文集』으로 제목을 바꾸어 목활자본 6권 2책으로 간행한 것도 기준 학문에 대한 계승 의식이 지속적이었음을 확인하는 한 사례라 할 수 있다. 아울러 기효간, 기정진이 호남유학사에서 차지하는 비중이 컸다는 점에서 기준의 학문은 호남을 중심으로 그 영향이 확대되었다고 할 수 있다.

림도 1606년(선조 39)에 유림의 공의로 기준의 학문과 덕행을 추모하기 위해 향교 내에 복재사(服齋祠)를 창건한 후, 이후 충곡서원(忠谷書院)으로 개편하여 사액을 받는 등 기준의 학문을 기렸다. 서원철폐령으로 훼철되어 흔적을 찾을 수 없지만, 행주기씨의 관향지인 고양에도 1688년(숙종 14)에 남효온(南孝溫)·김정국(金正國)·기준 등 고양팔현의 학덕을 추모하기 위해 문봉서원(文峯書院)이 세워진 후 기준의 학문과 덕행을 추모하였다. 이처럼 짧지만 강렬했던 기준의 사상적 지향과 활동은 그의 사후에도 유학적 지식인에게 회자되며 그 영향이 지속되었다고 할 수 있다.

복재(服齋) 기준(奇遵) 시의 밤 이미지

김성룡

1. 머리말

이 글은 복재(服齋) 기준(奇遵, 1492~1521)의 시에 나타난 밤의 이미지를 살펴보는 것을 목적으로 한다.[1] 기준은 사대 사화(四大士禍) 중 세 번째 사화인 기묘사화로 목숨을 잃은 기묘 팔현(己卯八賢)의 한 분이다. 기묘 팔현은 조광조(趙光祖, 1482~1519)를 대표로 사림의 정치적 이상을 실천하고자 했던 분들이다. 기준은 기묘 팔현 중에서

---

[1] 기준의 삶과 활동은 『中宗實錄』과 그의 문집 『德陽遺稿』를 통해서 어지간히 알수 있다. 기준의 시문학에 대해서는 여운필, 「복재 기준의 시세계」, 『한국한시작가연구』 4, 한국한시학회, 1999에서 상세하면서도 포괄적인 시각을 확보했다. 이후 시문학에 대한 연구가 영성하다가, 2017년 문집이 국역되고, 또 박사학위논문도 두 편 간행되면서 활기를 띠었다. 한미현, 「복재 기준 문학 연구」, 충남대학교 박사학위논문, 2018 ; 남현희, 「복재 기준의 '육십명'에 대한 연구」, 성균관대학교 박사학위논문. 2021.

문명이 조광조에 버금가는 것으로 평가를 받았다. 사화로 인하여 3년간 유배의 고초를 겪었으나, 돌아오지 못하고 형을 받아 유배지에서 졸하였다. 시대의 불행과 개인의 고초가 겹치면서 '어두운 밤'은 특별한 이미지를 갖는다. 이 글은 바로 이를 살펴보려는 것이다.

기준은 어릴 때 조광조를 따라 학문을 연마하면서 교유하였다. 벼슬길에 올라서는 지치(至治) 정치를 실천하기 위하여 사림의 세력을 공고히 하는 데 함께 했다. 그러다가 그의 나이 28세가 되던 해 중종 14년(1519) 11월 발발한 정변으로 삭직(削職), 장류(杖流) 되었고, 이듬해 다시 추문을 받아 위리안치(圍籬安置) 되었다가 그 이듬해인 중종 16년(1521) 10월 사사(賜死)되었다. 그것이 그의 나이 서른 살이 된 해였다.

기준은 중종 11년 홍문관 박사로서 어제에 응하여 장원하면서 그 문명이 널리 알려졌다. 중종 12년 11월에 그가 이성언(李誠彦, ?~1534)을 논박하는 상소를 올렸는데, 이 사실을 기록하면서 왕조실록의 사관은, "홍문관 관원 중 기준이 가장 젊었다. 문학이 넉넉하여 명망이 중하여 조광조에 버금갔다."고 평했다. 사림파는 사장(詞章)에 힘쓰기보다 도학에 힘쓰는 것을 위주로 하는 지식인이라 하지만 조선 왕조를 통틀어 문과로 발신하기 위해서는 경전을 정교하게 이해해야 하는 한편 사장도 역시 넉넉하여야 했다. 그래서 도학과 문학은 대립적인 것이 아니라 상보적인 것이었다. 이는 사림파도 예외가 아니었다.

현존『덕양유고(德陽遺稿)』에는 모두 306제의 시가 실려 있다. 이것은 중종 11년 그의 나이 25세에 벼슬길에 오르던 때부터 30세에 사사되어 졸할 때까지 약 6년여 동안의 시작인데, 기묘사화가 벌어지기 전후의 5, 6년간, 기묘사화와 함께 급박했던 사정과 내면의 서정을 오롯이 표현하여, 한 청년 지식인의 두려움과 불안을 이해할 수 있다. 연대별로 편차했으므로, 사화기(士禍期)를 견뎌가던 기준 개인의 내면 뿐만 아니라, 기묘인(己卯人), 나아가 그 시기 지식인의 내면을 이해하는 데 큰 도움이 된다.

　기준의 시 중 상당수가 밤과 관련되어 있다. 우선 밤이나 한밤중에 지어, 밤[夜, 宵]이라는 말을 그대로 노출하기도 하고, 하룻밤[一夜], 밤마다 또는 밤새[夜夜]라는 말도 많이 사용했다. 저녁 어스름이 깃들 무렵[夕, 日暮]부터 시작해서 밤의 경과를 표시하거나[三更, 二更, 五更] 새벽[曉]에 이르기까지의 밤을 새운 것이 분명한 표현도 보인다. 밤에는 달[月, 氷輪], 별[星, 辰, 斗], 은하수[漢]가 떠 온 세상을 비춘다. 그리고 시인은 방에 불[燈]을 밝힌다. 이때는 멀리 기러기[雁, 鴻]가 울며 날기도 하고, 이국의 피리[胡笛, 胡笳] 소리가 들리기도 한다.

　이처럼 밤의 정경, 정취, 심정을 묘사한 작품을 꼽아보면, 1권은 77제 중, '저녁비가 내린다[暮雨]'를 포함해 모두 47제이다. 2권은 116제 중 57제인데, 해가 지는 것[落日]을 비유적으로 사용한 경우와 팔경시(八景詩)의 시적 전통에 따라 달놀이[翫月]를 읊은 작품을 제외한 것이 그렇다. 3권은 113제 중 56제가 밤의 시에 해당한다. 여기서도 달을 보고 한 해의 풍흉을 짐작하는 민속이나 온성의 전반적인 정경을 그린 「온성잡영(穩城雜詠)」을 제외했다. 이렇게 보면 모두 306제의 작품 중 190제의 작품이 밤의 시에 해당한다. 여기에 꿈[夢]과 잠[枕, 寐]처럼 밤에 수반되는 것까지 포함하면 그 수는 더 는다.

기준은 기묘사화로 사사되었으나 과정은 복잡하다.[2] 아마 이러한 과정이 자책감에 따르는 부끄러움과 희망에의 의지, 그리고 불안과 두려움 등의 복잡한 심경으로 피력되었을 것이다. 밤은 죄의식에 시달리는 시간이면서, 자의식을 성찰하는 시간이기도 하다. 모든 것을 덮는 고요한 무차별의 어둠과 그 어둠을 뚫고 발하는 빛이 공존한다. 이 착잡함이 그의 밤이 갖는 의미의 두께인 것으로 보인다. 이 글에서는 그것을 살펴보려고 한다.

2. 고창 기행지의 밤

불야성의 현대 사회 보다는 중세 조선의 밤 정취를 흠씬 누릴 수 있을 것 같지만, 조선 왕조 내내 밤은 야금(夜禁)으로 밤 나들이가 자유롭지 않았다. 야금은 주(周) 대부터 지켜온 동아시아 공통의 법식이었다. 조선 왕조에서 준용되었던 법전 『대명률(大明律)』에는 1경(更) 3점(點)을 알리는 종소리가 그친 다음부터 5경 3점을 알리는 종소리가 울리기 전까지를 야금의 시간으로 지정하고 있다. 이 시간

---

2   송웅섭, 「복재 기준의 정치 활동과 己卯八賢으로서의 위상」, 『백산학보』 129, 백산학회, 2024에서 정치적 활동과 복관과 추증에 이르는 과정을 다루었다.

동안에 거리를 다니는 사람들이라면 도둑이거나 불측한 일을 꾀하는 도당들로 간주했다.

다만 궁중의 일과 관련되거나 세시 명절에는 밤 나들이가 예외적으로 허용되기는 했다. 궁중에서 숙직(宿直)하는 관리들의 모임이라든가, 밤에 보이는 특별한 시험이 있었고, 임금이 참여하는 행사들도 여기 해당했다. 민간의 세시 풍속인 동지 후 첫 경신일에 밤을 새우는 경신(庚申) 풍습, 음력 12월 24일에 잠을 자지 않고 조왕신에게 제사 지내는 교년일(交年日) 풍습, 그리고 제야 같은 것도 야금에서 예외였다. 세시 풍속으로 이뤄진 달맞이라든가, 불교 의례로부터 기원한 사월초파일이나 정월 보름날의 사찰에서 이뤄진 탑돌이와 같은 행사에도 야금을 까탈스럽게 적용하지는 않았던 것 같다.

뒤에 영조는 입춘절의 춘번(春幡), 단오절의 애용(艾俑), 섣달그믐날의 나례(儺禮), 경신일과 교년일을 혁파하였다. 경신일은 도교로부터 기원하였고, 교년일은 송 대의 문화가 고려를 거쳐 조선까지 전수된 것이다. 이 둘은 거의 음력 12월 중 하순으로 집중되므로, 섣달그믐의 수세(守歲)와 겹쳤다. 이단 억제의 차원에서 혁파한 것이었지만, 민간의 풍속에 큰 혼란을 주지는 않았던 것 같다.

사대부들은 이름난 명소에 모이거나 명사의 집이나 누정에 저녁에 모여서 밤을 새워 시를 짓거나 풍류를 잡히며 놀았다. 밤의 거리를 공공연히 돌아다니는 것이 아니라면, 밤에 사대부가나 이름난 누정과 누대에 모여 시문을 주고받는 일은 아름다운 모임[雅會]으로 여겼다. 이 모임은 단순히 시문의 수작이나 풍류 감상의 모임을 넘어서 그들끼리의 동류 의식을 공고히 하는 계기가 되었다. 실로 "같은 소리끼리 서로 감응하고, 같은 기운끼리 서로 구한다.[同聲相應 同氣相求]"는 것이었다.

　　다음은 피화(被禍)되기 전, 변산 부근을 유람하면서 지은 작품인 데, 「밤에 읊조리다[夜詠]」라는 제목으로 제1권 32번째로 실려 있다. 기준은 27세이던 중종 13년(1518) 여름에 근친하기 위해 무장(茂長, 현 고창)에 갔다. 이 동안 내소사, 선운사와 같은 변산의 명소를 들러 관직 생활로부터 오는 번거로움을 풀었다.[3] 하지만 기준은 이곳에서 공명(共鳴), 공감(共感)이 없는 외톨이의 외로움을 느꼈다. 한없는 외 로움을 느낀다. 이 외로움은 상실과 결핍의 둘로 구성된다.

푸른 수염 붉은 얼굴은 세월이 흘러감을 슬퍼하고　綠髮紅顔悲歲流
흰 구름 속 푸른 학은 꿈속에서도 유유하구나.　　白雲靑鶴夢悠悠
몇 가닥 두견새 소리 저문 숲에서 들려오니　　　　數聲杜宇層林暮
천 리 밖 시골 바닷가 숲에도 가을이 왔네.　　　　千里鄕關海樹秋
누런 잎이 어지러이 날리는 산에 스님은 절문을 닫는데,
　　　　　　　　　　　　　　　　　　　　黃葉亂山僧閉寺
푸른 산봉우리 외로운 달 아래 나그네는 누대에 오르네.
　　　　　　　　　　　　　　　　　　　　碧岑孤月客登樓
옥인은 어느 곳에서 퉁소를 부는가?　　　　　　　玉人何處吹簫在
안개 낀 골짜기 어둑어둑 한데 밤 시름에 헤매네.　煙壑蒼蒼迷夜愁

3　기준이 유배되기 전, 기행은 이 茂長 기행 밖에 없는 것 같다. 이 짧은 여정이지만 이 동안에 생산된 기행시를 통해 피화되기 전 청년 기준의 시 세계를 짐작할 수 있다. 기준의 기행시에 대해서는 유진희, 「복재 기준의 기행시 연구」, 『한국 한문학연구』 75, 한국한문학회, 2019 참고.

젊은 청년은 긴 미래를 갖는다. 늙고 병들어 무력한 시간은 저절로 그러나 반드시 찾아온다. 그러면 화려한 젊음도 그 빛을 잃는다. 이 상실이 불안의 하나를 이룬다. 한편, 남은 시간이 길수록 그 시간에 무슨 일이 일어날지 어떻게 알겠는가? 세계는 사람의 바람에 아랑곳없이 저의 길을 간다. 그것은 인간의 왜소함에 대비되는 세계의 횡포로 나타난다. 세계에 대해서 알아갈수록 인간의 왜소함은 뚜렷해진다.

마지막 구는, '옥인이 어디서 퉁소를 불기에 누대까지 들리는가?'로 해석하기보다는, '그 사람은 어디에서 소리를 울리고 있기에 이렇게 외롭게 홀로 누대에 오르게 하는가?'로 해석하는 것이 적실할 듯하다. 달 아래 혼자 누대에 올라 안개 낀 골짜기를 내려다보는 장면과 더 자연스럽게 연결되기 때문이다. 이렇게 연결하면, 문 닫은 절, 푸른 봉우리에 홀로 뜬 달, 밤에 시름에 싸인 채 골짜기를 헤매는 시인의 외로움이 더욱 짙어진다.

「밤에 읊조리다[夜詠]」와 같은 시기에 이루어진 작품으로 「선운사에 묵으며(宿禪雲寺)」가 있다. 여기서는 산뜻한 밤의 정경이 청년 시인의 예민한 감각으로 잘 표현되어 있다.

겹문은 교목에 가리우고	重門喬木翳
성근 창으로는 飛峯이 밝아오네.	疏牖飛峯明
풀 덮인 섬돌에는 쓸쓸한 귀뚜라미 울음소리	草砌寒蛩泣
꽃 핀 시냇가에는 은근한 강물의 울음소리.	花溪暗水鳴
향로에서는 옛 글씨처럼 연기 피어오르는데,	香煙生寶篆

텅 빈 뜰에는 산 위의 달이 들어오네.	山月入空庭
고요히 스님의 게송을 듣고 있노라니	寂寂聞僧偈
새벽하늘에 맑은 이슬이 떨어지네.	曙天淸露零

　　옛 전서(篆書)처럼 꼬불꼬불 피어오르는 향, 텅 빈 뜰에 가득 비친 달빛, 그리고 맑은 이슬처럼 스님의 게송은 시인의 주변을 메우고 있는 풍경의 일부로 되어 버린다. 청각과 시각, 그리고 촉각에 이르기까지 예민하기 이를 데 없는 감각의 향연이다.

　　변산 일대의 기행으로부터 1년 여가 지난 중종 15년(1520) 기준은 온성으로 유배되었다. 그런데 이 유배를 미리 알려주기라도 하듯 기준은 북변 유배의 꿈을 꾸었다. 1권의 제일 마지막 시는 77번째로 실린 「꿈을 기록하다(記夢)」와 그 발문에 경험을 기록해 두었다. 고려 조선 시대를 일관해서 시인 묵객들은 시나 문에 나타나는 우연한 요소가 그 사람의 운명을 알려준다는 시참(詩讖)의 설을 중시했다. 또한 꿈이 전정(前程)을 알려준다는 몽참(夢讖)의 설도 발전했다.[4] 후대의 문인들은 이것을 전정을 알리는 몽참으로 이해했다.

이역 강산은 고국과 같은데	異域江山故國同
하늘가 외로운 봉우리 기대어 눈물 흘리네.	天涯垂淚倚孤峯
물결 소리 적막한데 관문은 닫혀 있고	潮聲寂寞河關閉
쓸쓸히 낙엽지는 성은 텅비었구나.	木葉蕭條城郭空

4　詩讖, 夢讖, 歌讖, 謠讖 등 관해서는 김성룡, 「詩讖의 시학적 의의」, 『시화학』 2, 동방시화학회, 1999, 361~382쪽 참조.

들길은 가을 풀 속으로 가늘게 나뉘어 가고	野路細分秋草裏
인가는 저녁 햇빛 속 여기저기 모였네.	人家多住夕陽中
만리 밖 나갔던 배 돌아오는 돛 없는데	征帆萬里無回棹
망망한 푸른 바다 소식은 통하지 않네.	碧海茫茫信不通

이 시에 부친 기록이 다음과 같다.

지난 겨울 처음 궐에서 밤에 당직을 섰다. 꿈에 편주를 타고 해안을
따라가는데 다시 한 봉우리를 올라가니, 동남쪽으로 푸른 바다가 아득
하고 서북쪽으로 구름 낀 산이 툭 틔어 있었다. 석양은 고개마루를 넘어
가는데 바닷가에는 시골 집들이 있었다. 저멀리 성이 연기 낀 숲 가운데
은은히 숨어 있는 것이 보였다. 서글픈 마음으로 배회하는 것이 고국을
떠나 멀리 가는 생각이 들어, 가는 중에 물어보니 길성(吉城)이라는 것
이었다. 잠에서 깨니 놀란 땀으로 온몸이 젖어 있었다. 남은 생각이 아
직까지 처연하고 슬퍼 시를 지어 기록한다.

[去年冬之中初直闕夜 夢浮扁舟循岸 而轉登一峯 東南滄海浩渺 西北
雲山漫空 夕陽斜嶺 村家在岸 遙見城郭隱翳於煙樹之中 徘徊惆悵 有去
國遠遷之思 中路問之 乃吉城云 及覺 驚汗滿身 餘懷尙悽然以悲 爲詩
以記]

3. 아산 유배지의 밤

1519년 11월 15일 밤 2경에 연추문이 열리고 군졸들이 왕을 옹위
하기 시작했다. 기묘사화의 시작이다. 그때 기준은 처남 윤자임(尹

自任, 1488~1521?)[5]과 함께 금중(禁中)에서 숙직을 하던 중이었다. 중종은 홍경주(洪景舟, ?~1521), 남곤(南袞, 1471~1527), 김전(金詮, 1458~1523), 정광필(鄭光弼, 1462~1538) 등을 불러 조광조를 의금부에 하옥할 것을 의논하였다. 대신들은, 조광조, 김정(金淨, 1486~1521), 김구(金絿, 1488~1534), 김식(金湜, 1482~1520), 윤자임, 박세희(朴世熹, 1491~1530), 박훈(朴薰, 1484~1540)의 죄를 의논했다. 중종은 그 명단에 기준의 이름이 빠졌다고 지적하면서 그도 넣어 함께 정죄하라고 명했다.[6]

열흘이 지난 11월 26일, 중종은 이들에 대한 죄안을 이렇게 정했다. 즉, 이들이 성리설로 왕을 이끌어 국정에 도움이 되겠다 싶었는데, 서로 결탁해 당을 짓고는 다른 이들을 배척했고, 궤격(詭激)이 버릇이 되어 이견을 용납하지 않아 국정을 문란했다. 그래서 그 주동자 격인 조광조, 김정, 김구, 김식은 원방에 안치하고 붙좇은 윤자임, 박세희, 박훈, 기준 등은 외방에 부처한다. 이렇게 해서 죄인 기준은 아산으로, 윤자임은 온양으로 배소가 정해졌다.

기묘인에 대한 죄안은 궤격한 논변을 서슴지 않아 왕을 욕보이고 자기들끼리 모여[朋比] 당을 결성한다[作黨]는 것이었다. 이보다 앞서 무오사화에 희생되었던 김종직(金宗直, 1431~1492)과 김일손(金馹孫, 1464~1498)도 경상도 선배당[慶尙先輩黨]을 만들어 자기들

---

5 뒤에 거론하겠지만, 윤자임의 졸년을 1519년으로 잡는 것은 잘못이다. 그는 기준이 형을 받을 때까지 생존해 있었다.

6 『中宗實錄』. 중종 14년 11월 15일.

끼리 결탁하고 궤격한 논변으로 왕을 능욕한다는 것이었음을 감안
하면,[7] 사림파에게 작당과 궤격은 늘 따라붙던 술어가 아닌가 싶기
도 하다. 붕비와 작당이란 지연, 학연, 혈연 등의 조건으로 서로 어
울린다는 것이다. 그러니 우선 이들을 뿔뿔이 흩어놓아야 할 필요
가 있다. 고립된 존재는 가치없는 존재이다. 아는 이 없으니 알아주
는 이도 없다.

기준은 서울에서 나고 자랐다. 그가 서울을 벗어난 것은 조광조
를 따라 천마산, 성거산에서 공부하던 때와, 중종 13년(1518) 경 어
머니 근친을 위하여 무장(茂長, 현 고창)을 한 달 정도 다녀온 것이
전부이다. 그런데 외방 부처의 벌을 받은 것은 심리적으로 퍽 위축
되었을 것이다. 다만, 아산과 온양 모두 서울로부터 멀지 않은 데다
가, 또 아산과 온양이 서로 멀지 않아 처남과 매부가 서로 소식을
전하는 데 어렵지는 않았을 터이니 그나마 위안이 되었을 것이다.

『덕양유고』제2권의 첫 시가, 「아산 유배 중 회포를 읊어 중경 윤
자임에게 부치다[牙山謫居詠懷 寄仲耕 尹自任]」이다.

외로운 죄수 바다 한 곳을 구해서	孤囚海一徼
물고기와 새들 하고만 서로 어울리네.	魚鳥但相群
남몰래 흘린 눈물은 변방 산의 눈이 되고	淚暗關山雪
마음은 날아가 옛 서울의 구름이 되었네.	心飛故國雲
가을바람과 서리 기운이 닥쳐오니	雁風霜氣逼
비 내리는 밤 등불은 빛을 나눈다.	燈雨夜光分

---

7 『成宗實錄』. 성종 15년 8월 6일.

무성했던 꽃 같은 해도 저물어 가고
공연히 강 건너 그대를 생각한다.[8] [제1수]

冉冉芳年暮
隔江空憶君

강성의 추운 날 날은 저무는데,
외로운 새 멀리 무리에서 떠났네.
푸른 바다에는 돌아오는 손 없는데
변방 산에는 머문 구름이 있구나.
서리 차갑고 갈대 흔들리는데
밤은 고요하고 은하수는 나뉘네.
낯선 하늘 끄트머리에서 눈물을 다 흘려
바람 끝에 그대에게 한번 부치려네. [제3수]

江城寒日晚
獨鳥遠離群
滄海無歸客
關山有住雲
霜寒蘆葦動
夜靜星河分
落盡天涯淚
因風一寄君

아산은 바다를 면한 곳이다. 특히 아산 서쪽에는 고려 때부터 충
청도 일대의 세곡을 수납해 조운하여 서울로 가는 공세곶창이 있다.
마을도 있고 곶창을 지키는 수직군들도 있어 유배 온 죄인을 두고
감시하기에 적당하다. 이 시에 나오는 '바다 한 곳'은 이 부근이지

---

8 구두로 발표할 때에 이 시의 '關山', '君' 해석을 두고 질의가 있었다. 구두로
했던 답을 여기 덧붙인다. '關山'은 고향의 산이 아니라, 변방 관문에 있는 산이
다. 杜甫의 「洗兵馬行」에 "삼 년 동안 오랑캐 피리 소리 속에 관산의 달을 바라보
네.〔三年笛裏關山月〕"이후, '관산의 달'은 '변방의 산에 뜬 달을 바라보며 타향
에서 고향을 그리워하는 상황'을 묘사하는 어구로 쓰였다. 그렇다면 '關山'은
타향인 아산의 산을, '故國'은 자신이 떠나온 고향인 서울을 의미하는 것으로
보인다. 마침 國이 서울이라는 의미도 있어 이러한 이해를 바탕으로 고향인 서울
로 번역해도 큰 잘못은 아닐 것 같다. '君'은 임금이 아니라, '그대' 즉 처남인
윤자임을 지칭한다. 이 시 부제가 '寄仲耕 尹自任'이므로 "仲耕 尹自任"에게 "寄"
하였다는 것이니, '寄君'도 '그대에게 부친다'로 보아야 온당하다. 아울러 제3수
뿐만 아니라, 네 수의 尾聯에 반복적으로 등장하는 君 역시 처남인 윤자임을
지칭하는 것으로 보는 것이 자연스러운 해석이다.

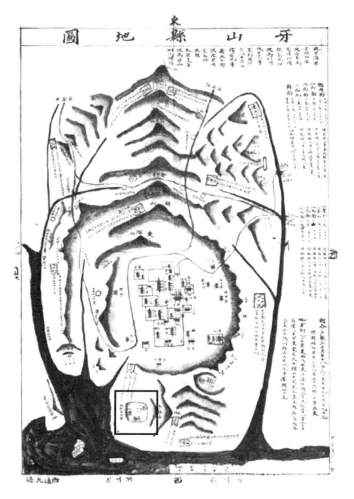

〈그림 1〉 1872년 군현지도 아산현 중 공세곶창
출전: 디지털아산문화대전. 소장 서울대학교 규장각

않았던가 싶다.

타향 유배살이에서 유일한 위안은 가까운 곳에 처남도 유배살이를 하고 있다는 것이다. 죄인으로 유배객이 되었으므로 자유롭게 만

날 수는 없었다. 달이 두 고장으로 나뉘어 비친다[月自兩鄕分, 제5수]
는 것은, 서로 떨어져 있어도 달빛은 같다는 공동감보다는 하나의
달이 그 빛을 나누어 비추고 있다는 원격감이 더 크게 느껴진다. 그
러기에 날이 저물어 어둠이 내릴 때 의지할 곳 없는 불안[日暮與誰
群, 제2수]이 깃든다. 무리에서 벗어나고 돌아오는 사람은 없다는 이
절절한 고독감은 한없는 슬픔으로 나타난다[落盡天涯淚].

이런 단절 속에서 한 해가 저문다. 저문다[暮]는 표현은 기준의
시에 매우 자주 등장한다. 석양(夕陽)과 일모(日暮)는 하루가 저문다
는 의미도, 한 해가 저문다는 의미도 있지만, 화려했던 한 시절이
저문다는 의미도 크다. 이제는 알아주는 이 없는[無名] 존재로서 어
둠의 시간[無明]을 견뎌야 할 일이 기다리고 있었다.

한 달여가 지나면서 의론이 과격해졌다. 왕의 의중이 사림의 배
격에 있다는 것을 간파한 사람들은 연일 왕을 도발하였다. 이들은
기묘인들이 비운 자리를 차지하기 위해 왕의 심기에 부합하도록 나
날이 과격한 상소를 올렸다. 이들의 공격을 기화로, 중종 14년(1519
년) 12월 16일에 조광조는 사사(賜死)하고 김구, 김정, 김식은 절도
안치, 윤자임, 기준 등은 극변 안치하라고 전교했다.[9] 이 결정으로
윤자임은 북청(北靑)으로, 기준은 온성(穩城)으로 이배되었다.

2권 17번째 시「중경과 이별하며[別仲耕]」에 '봄 석 달을 함께 나
그네가 되어 어렵고 힘든 만 리 길을 같이 갔다[三春同逆旅 萬里共間
關]'고 한 것을 보면, 중종 15년 1월부터 3월 간 처남과 매부가 적어

---

9 中宗實錄』. 중종 14년 12월 16일.

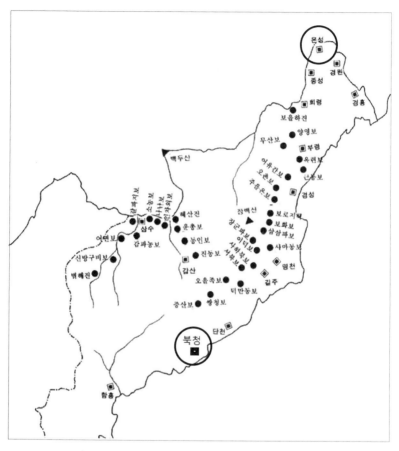

<그림 2> 동북지역 변방의 관진(關鎭)과 성보(城堡)를 토대로
북청과 온성을 표시했다. 북방 지역의 많은 진, 보가 보인다.
(출전: 고승희, 조선후기 함경도 內地鎭堡의변화, 2005.)

도 북청까지는 유배의 길을 함께 했던 것으로 보인다. 기준으로서는
절망 속에서도 지기이자 처남인 윤자임과 함께 했다는 것이 그나마
위안이었을 것이다.

기준의 지기이자 처남 윤자임의 졸년에 관하여 바로잡을 것이 하

나 있다. 『기묘록보유(己卯錄補遺)』, 『연려실기술(燃藜室記述)』 등에
는 윤자임이 이 해 12월에 북청으로 유배지가 옮겨지고 졸하였다고
하였고[10] 이를 근거로 현재는 윤자임의 졸년을 1519년으로 기록하고
있는데[11] 이는 잘못이다. 유배지가 북청으로 옮겨진 것도 맞고 배소
에서 졸한 것도 맞지만 사이에 간격을 두어야 한다.

앞에서 보았듯 윤자임의 북청 이배와 기준의 온성 이배는 중종
14년 12월에 결정된 일이다. 이 두 처남 매부는 이듬해 중종 15년
(1520년) 1월에서 3월 사이에 함께 북변 유배의 길을 갔다. 여정으로
보아 윤자임이 북청에 도착하고 그 뒤로 기준이 온성에 도착했을
것이다. 북변 유배지에서 두 사람은 안부를 묻고 시문을 주고받기도
했으며 학술 견해를 나누기도 했다.[12]

---

10 己卯錄補遺』. 上, 윤자임 조에 "12월에 북청으로 옮겨 유배되어 졸하였다.(十二
月 移流北靑而卒)", 『燃藜室記述』, 8, 中宗朝故事本末, 尹自任 항목에 "12월에
북청으로 옮겨 유배되어 울분으로 졸하였다.(十二月 移北靑憤懣而卒)"이라고
하여 12월에 북청으로 유배지가 옮겨지고 졸한 것으로 되어 있어 해석에 혼란을
가져오고 있다.

11 대표적으로 『한국민족문화대백과사전』 윤자임 조에 그렇게 적혀 있다. 정정이
필요하다.

12 3권 93번째 작품이 「중경(윤자임)의 천상도에 제하다 [題仲耕天象圖]」이다.(28
수가 하늘의 경도를 싸고/해와 달과 다섯 별이 서로 섞어 간다./북극과 남극으로
중심이 관통하여/한번 기틀이 움직이니 만가지 변화가 이뤄진다. 二十八宿包天
經 日月五緯相錯行 北極南極貫樞紐 一機運運萬化成) 3권 88번째 작품은 「9월
8일 꿈에 문사 두세 사람과 함께 아름다운 곳에서 놀았는데, 전각이 우뚝하였으
나 단청은 없었다. 나는 문사들과 함께 붓을 朱墨에 적셔 전각 사면 벽에 별자리
를 그렸다. 문사 두 사람은 북쪽을 그리고 나는 서쪽과 동쪽을 그렸다. 광채는
서로 쏘고 손길 따라 빛이 움직였다. 쳐다보니 하늘에 28수가 역력하게 둘러
있고 각 방위에 나뉘어 있었다...(중략)...[九月初八日夢 與文士二三人遊于佳境
有殿閣巍然而無彩繪 子與文士 濡朱于筆 畫星辰于閣之四壁 而文士二人畫北 子

윤자임은 위리안치의 형을 받지는 않아 행동이 비교적 자유로웠
다. 중종 16년(1521)에는 회령(會寧)의 운두성(雲頭城)을 유람한 소회
를 기준에게 보내기도 했다.[13] 중종 16년 가을 기준과 윤자임의 시문
수작을 보면,[14] 그때까지 윤자임이 생존해 있던 것이 분명하다. 중
종 16년(1521년) 10월, 평생의 지기이자 매부인 기준이 형을 받아 죽
은 것이 그의 분사(憤死)를 가져왔던 것 같다.

4. 온성 유배지의 밤

온성(穩城)은 두만강 중류에 있는 한반도 최북단 고장이다. 서울
로부터 24일의 일정이라 한다.[15] 살아서는 다시 돌아갈 수 없다는

畵其西東 光芒相射 隨手動耀 仰視之 二十八宿歷歷環繞 各分其方 …]」이다. 이
를 미루어보면 꿈에 같이 28수의 별자리를 그린 사람이 윤자임이 아닐까 싶을
정도로 93번째의 시 내용과 88번째의 제목이 방불하다.

13 德陽遺稿』 권3. 제58번째 작품이 「중경(윤자임)의 운두성 시에 차운하다. 2수
(次仲耕雲頭城韻 二首)」이다.

14 1521년 가을, 윤자임에게 편지를 부치고 적은 시가 있어 그 당시까지 생존하면서
서로 소식을 전한 것을 확인할 수 있다. 3권 89번째 작품이 「중경에게 편지를
부치다 [簡寄仲耕]」이다. "가을 비 쓸쓸히 낙엽을 울리고/추위와 근심에 잠 이루
지 못하여 닭이 우네./멀리서 누가 남쪽 기러기에게 편지를 부치는지/외로운
침상엔 북극성만 이웃하는구나./창밖에 새벽 강물 소리 차가운데/머리맡에는
북녘 눈이 등불처럼 환하네./부질없이 붓 한 자루로 회포를 적음은/이 모두가
그대를 보지 못하는 정 때문이오. (秋雨蕭蕭落葉鳴 或作聲 寒愁不寐到鷄聲 或作
鳴 遠書誰寄南天雁 孤枕偏隣北極星 窓外曉江侵幌冷 頭邊朔雪對燈明 空將一筆
論懷抱 盡是思君不見情)"

뜻으로 중국의 변방 요새인 귀문관(鬼門關)의 이름을 빌어, 온성으로 들어가는 입구 경성(鏡城)에도 귀문관(鬼門關)이라 부르는 곳이 있었다. 대표적 오지로 여겨지는 아오지나 삼수, 갑산 등이 모두 온성보다 한참 아래에 위치한다.

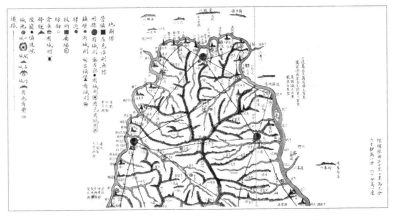

〈그림 3〉 동여도. 온성 부근 (출전: 한국학자료포털)

기준의 시에는 이 지역의 개척과 관련하여 자주 윤관(尹瓘, ?~1111)의 일을 언급한다. 윤관이 9성을 축조하였지만 지금처럼 두만강 일대를 확보한 것은 아니었다. 두만강이 경계가 된 것은 조선 세종 대 김종서(金宗瑞, 1382~1453)가 온성을 위시해 종성(鍾城), 회령(會寧), 경원(慶源), 경흥(慶興), 부령(富寧) 등 육진을 개척하면서부터였다. 국경이야 어떻든 이 지역의 야인들은 두만강 하류 일대의

---

15 朴忠元,「德陽遺稿敍」,『德陽遺稿』, 敍.

평야 지역에 여전히 터전을 일구며 살았다. 조선 왕조는 이들을 번
호(藩胡)라고 부르며 존중했다. 이들은 상대적으로 사나웠던 연해주
일대의 민족인 우디캐 족의 침략을 막아주었기 때문이다.[16]

　　조선 왕국과 번호들이 서로 존중하면서 평화롭게 거주하였으므
로, 종성, 온성 등의 번호 부락 중에는 100여 호가 넘는 부락이 많았
다. 자연 이들 번호 부락의 추장은 육진의 진장과 군현의 장들과 교
유하는 일도 잦았다. 그곳에서 서울로부터 온 유배객은 이채로운 존
재였다. 특히 학식과 인품, 정치적 관록과 안목은 주위의 인사들을
압도했을 것이다. 기준은 온성에 이배된 뒤 한동안 온성의 진장이나
군현의 장, 번호의 추장들과 교유하였고 명사의 초청을 받아 잔치
자리에도 나아갈 수 있었다.

　　이때의 정경을 그린 작품이 제2권 24번째 시,「강가에서[江上]」이
다. 이 작품은 허균(許筠, 1569~1618)의『국조시산(國朝詩刪)』을 비
롯해『기아(箕雅)』,『대동시선(大東詩選)』 등 여러 시선집에서 5언율
시의 모범작으로 꼽혔다.

> 멀리 놀아 들녘의 수자리에 이르니　　　　遠遊臨野戍
> 고상한 모임에 세월 가는 것 아깝구나.　　高會惜年華
> 밤은 고요하여 오랑캐의 하늘에도 달은 뜨고　夜靜胡天月
> 봄은 깊어 오랜 변새에도 꽃은 피네.　　春深古塞花
> 긴 강은 누가 술을 빚는가　　　　　　長江誰作酒

16　고승희,「조선후기 함경도 內地鎭堡의 변화」,『한국문화』36, 규장각한국학연
　　구원, 2005 참조.

슬픈 소리는 노래가 되지 않네.	哀唱不成歌
저 구름 밖으로 보고 또 보아도	望望雲空外
남은 별이 새벽 은하 속에 지누나.	殘星沒曉河

봄날의 어느 밤, 밤하늘에는 노란 달이 뜨고 하얀 은하수가 비끼었다. 초저녁부터 시작한 모임은 새벽까지 이어졌다. 새벽이 가까울 무렵, 연회도 끝에 이르고 밤은 더욱 고요하다. 먼 변새의 오랑캐 땅에도 달은 똑같다. 오랫동안 그 자리를 지켰을 국경의 군영에도 꽃은 핀다. 자연의 자연다움은 그것이 저절로 그러하기[自然] 때문이다. 어느 곳을 가리지 않고 무심히 달은 뜨고 여느 때나 다름없이 한결같이 꽃은 핀다. 그 자연의 무심한 한결같음 속에서 시인의 슬픔은 소리로 남는다. 그것은 노래로 다듬어지지 않은 채, 있는 그대로의 외침이 되었다.

이때까지도 기준은 자신을 향하여 죽음이 다가오고 있다는 것은 전연 생각도 하지 못하고 있었다.

5. 위리안치에서 맞는 밤

기준이 온성으로 유배되기 직전 그는 자신이 극변(極邊) 온성으로 유배될 것이라는 소식을 접했다. 다시는 살아 돌아올 길 없는 극변 안치의 길을 떠날 것을 생각하니 어머니에 대한 그리움이 간절했다.

그는 배소에서 무단 이탈하여 어머니가 계신 무장으로 무작정 길을 떠났다. 하지만 하루도 채 되지 않아 천안에서 잡혀 돌아왔다.[17] 유배 죄인을 책임진 온양 현감은 배소 이탈은 전적으로 기준의 탓이라 돌렸다. 그리고 이 일은 죄인의 배소 이탈이라는 명목으로 조정에 보고되었다.

이때 중종 15년(1520) 1월 4일에 기묘팔현 중 하나인 김식(金湜)이 선산 배소로부터 이탈하여 망명하는 일이 발생했다. 김식은 일단 선산으로 부처되었다가 거제로 이배가 결정되자 배소를 이탈했다고 한다. 하지만 김식은 그 행방을 알 수 없었고, 끝내 체포되지도 않았다. 나중에 거창에서 스스로 목매어 죽은 시신을 발견했을 뿐이었다. 이 일로 배소 이탈의 죄가 있던 김정과 기준도 모두 나라의 법을 부인하고 망명(亡命)한 것으로 다시 다루어야 한다는 논의가 비등했다.

기묘사화가 시작될 때부터 김식의 망명 사건 직전까지 왕을 비롯한 훈구파들은 이들을 일단 외방 부처 하여두고 처분을 숙의하였다. 왕의 증오심이 격렬했으므로 거기서 오간 논의도 사사(賜死)니 절도안치(絶島安置)니 하는 수준에서 처분이 논의되고 있었다. 그러던 중

---

17 『中宗實錄』. 중종 15년 1월 4일. 중종과 정광필의 대화. 중종 15년 5월 25일. 기준의 공초. 『己卯錄補遺』에는 김정과 기준의 배소 이탈에 대한 공초 기록이 있다. 김정은 금산으로 유배되는 도중에 어머니를 뵙고자 금산군수 정응(鄭應)의 허락을 받고 보은에 다녀왔다고 한다. 기준은 온성 이배의 소식을 듣고 어머니를 뵙고자 배소를 이탈했다가 하루 만에 돌아왔으나, 현감 배철중이 죄인 관리와 감독의 책임으로 처벌받을까 두려워 기준이 임의로 배소를 이탈했다고 공초했다.

에 김식이 망명하였으니 동정론이나 온건론이 설 자리를 잃었다. 당시 대사간(大司諫) 이빈(李蘋)은, "전일 제 스스로 훌륭하다고 하던 자들의 심술을 역시 알 만합니다. 근래 듣건대, 김정, 김식, 기준 등이 모두 망명하였는데 … 과연 훌륭한 사람이라면 비록 죽을 지경에 이른다 해도 어찌 감히 이렇게 할 수 있겠습니까?"라고 힐난했다.[18] 이 사건은 사림파가 훈구파에 대하여 그나마 유지하던 도덕적 우위도 잃어버리는 사건이 되고 말았다.

그해 4월에 배소 이탈의 죄를 추문하기 위하여 기준 등을 서울로 나치하였다. 이후 두 달여를 의금부의 옥에 있으면서 생사를 넘나들기를 여러 차례 하였다. 기준은 옥중에서 진정소를 두 번 올렸다. 배소 이탈을 시인하면서, 하루가 지난 것도 아니었고, 곧 잘못을 깨닫고 돌아왔으며, 오로지 어머니만 뵙고 오려 했던 효성의 발로였다는 것이었다. 그러나 한편 엄혹한 상황에서 죽음을 예감하고 영결의 시를 짓기도 했다. 2권 31~33번째로 실린 「옥중에서(獄中)」, 「옥중에서 지은 노래 네 편(獄中四歌)」, 「옥중에서 소매 속에 간직한 글(獄中袖書)」 등이 그것이다. 특히 「옥중에서 지은 노래 네 편(獄中四歌)」은 어머니, 형과 누이, 아내, 아들을 부르며 영결하는 내용으로 되어 있어 그의 절박했던 심경을 알게 한다.

진정이 받아들여져서인지, 6월 17일에 기준의 벌이 감사(減死)되어 장 100도에 위리안치(圍籬安置)로 형이 조정되었다. 6월 17일에 결정되었지만 서울에서 온성까지의 일정을 보거나 장 100도의 문제

---

18 『中宗實錄』. 중종 15년 1월 13일.

를 해결하거나 해야 했으므로 아마 7월 초는 지나야 겨우 온성에
도착할 수 있었을 것이다. 그러니까 그해 여름 내내 기준은 죽음의
문턱에까지 갔다가 가을이 되어 비로소 배소로 돌아올 수 있었던
것이다.

　온성으로 돌아온 다음 기준은 처남 윤자임이 더 그리워졌다.[19] 잠
못 드는 밤도 많아 밤에 지은 시도 부쩍 많아졌다. 살아는 돌아왔으
나 고독감은 더욱 깊어졌다. 위리안치는 유배의 형벌보다 한층 더,
세상으로부터의 차단, 세상의 기억으로부터 끊어냄으로써 있으나
마나 한 존재로 추락하게 만든다. 아무도 아는 이 없는 무명의 인물
로 되어가면서 고립감은 더욱 깊어진다. 2권의 69번째로 실린 「밤
에 앉아서(夜坐)」는 이 고립과 단절의 외로움을 이렇게 읊었다.

　　하늘 높고 가을 달 맑은데　　　　　　　　　　　天高秋月淨
　　낙엽 진 나무에 새벽 서리 차갑다.　　　　　　　木落曉霜寒
　　긴긴 밤 안부 묻는 이 없는데　　　　　　　　　永夜無人問
　　빈 강에 급한 여울이 흐느끼네.　　　　　　　　空江鳴急灘

　맑고 청량한 하늘에 뜬 밝고 명랑한 달. 북쪽 고장에는 일찍 가을
이 들었다. 낙엽은 지고, 새벽 서리까지 차갑게 내려앉았다. 이 성
글고 시린 감각은 밝고 맑은 이미지에 중첩해 쓸쓸함을 더욱 사무치

19　중종 15년(1520년) 6월 17일에 마침내 減死를 받아, 장 100도에 온성 유배 결정
　　이 내려졌다. 서울에서 온성으로 돌아와 겨울까지, 반년 동안 「次仲耕對月之
　　作」, 「次仲耕所寄韻」, 「簡寄仲耕」, 「次仲耕聞雁之作」, 「次仲耕登城作」, 「寄仲
　　耕四十韻」 등 윤자임에게 보낸 시가 부쩍 많아졌다.

게 한다. 이 북쪽 타관으로 유배된 나그네의 안부를 물어주는 이는 아무도 없다. 이 철저한 단절은 온 사방을 비추는 밝은 달과 밤새 울며 흐르는 여울 소리로 인해 시인의 마음에 더욱 깊게 새겨진다.

그해 조정에서는 위리안치의 제도가 엄중하게 유지되지 못하고 있다고 판단하고 일제히 제도를 점검하게 했다. 온성은 서울로부터 멀리 떨어져 있어 섣달, 12월에야 점검을 받을 수 있었다. 서울에서 온 도사는 "죄수를 극도로 곤궁하게 하고 편하지 못하게 하는 것"이 위리안치 제도의 본뜻임을 지적했다. 온성부에서는 이 지적을 받아 다시 제도를 정비하는 공사를 시작했다. 그리고 그달 15일에 기준을 새롭게 고친 위리(圍籬) 안으로 이감하였다.

새로 만든 가시나무 울타리는 둘레가 50자, 높이가 4~5장이었다. 집은 세 칸인데, 한 칸은 부엌과 침소로, 다른 한 칸은 기거하는 곳으로 썼다. 나머지 다른 한 칸은 동복(僮僕)이 거주했다. 만약 원으로 환산한다면 직경이 약 16~17척, 그러니까 5미터 정도이니 길쭉한 타원으로 만들어도 방 하나가 한 평[1.8m×1.8m] 정도 했을 것 같다. 그야말로 햇빛도 들지 않는 우물 같은 곳이다. 그 바깥으로는 사방에 수직군을 두어 출입을 감시했다. 죄수를 극도로 곤궁하게 하고 편하지 못하게 하는 목적에 거의 달성했다 할 만하다.

이 극도의 곤궁과 불편 속에서 기준은 새로운 삶을 다짐하였다. 이는 낙천지명(樂天知命)과 치명수지(致命遂志)의 자세로 나타난다.[20]

---

20 『德陽遺稿』, 3, 『圍籬記』. "옛날의 뜻있는 선비는 몸이 곤핍함을 걱정하지 않고 도가 형통하지 못함을 근심하였으며, 삶이 중요하다고 생각하지 않고 죽음이 혹 가벼울까 걱정했다. 그러므로 하늘의 이치를 즐거워하고 천명을 알아[樂天知

천명을 알고 주어진 상황을 순순히 받아들이는 것, 그리고 목숨을
바쳐 도를 이루는 것은 성리학의 종지이기도 했다.

초기 사림파가 소쇄(掃灑), 응대(應對), 진퇴(進退)에서 실천 철학
의 첫걸음을 찾았으나, 그때는 내면 수양을 실천하는 것이나 심성
본체에 대한 탐구가 깊지 않았다. 기준의 각성은 「육십명(六十銘)」
으로 구체화 되었다.[21] 사물을 무엇이라 이름 짓는 것[名]은 사물의
존재 원리[命]임을 천명하더니, 이러한 명명을 통해 마음이 인식함
이 있게 하니, 결국 마음과 물은 하나임[名者何 命也 名以命物 以識于
心也 夫心與物 本非二致]을 깨닫는다고 했다. 그는 「육십명」의 하나인
「불어리[弗迷籠]」에서 텅 빈[虛靈] 내면과 밝은[明哲] 지혜를 말했다.
그리고, "내면 충만하고 바깥 비추니 무엇이 두렵고 무서우랴[何懼何

命] 넉넉하여 여유가 있었고, 목숨을 바쳐 자기 뜻을 이루며[致命遂志] 어찌할
수 없는 상황에서도 마음을 편안히 여겼다. 화복과 영욕을 허공에 뜬구름처럼
여겼으니, 어찌 구차한 말로 그 경지에 미칠 수 있겠는가? 비록 그럴지라도 일은
관 뚜껑을 덮은 다음에야 정해지는 것, 이미 지나 가버린 일은 좇지 말 것이니,
앞으로 다가오는 것은 진실로 무궁하다. 만약 허물을 고쳐서 선함과 의로움으로
옮겨가면 마음을 새롭게 할 수 있으니 그렇게 하여 종말을 순순히 받아들이면
나의 일을 마치는 것이다. 도리어 다시 무엇을 한탄하겠는가. 그렇다면 이 위리
안치가 너를 곤궁하게 하는 것이 아니라, 장차 너를 옥처럼 아름답게 이루어줄
것이다. 아 힘쓸지어다. 신사년 유월에 덕양자가 적는다. (古之志士 不憂身之困
而憂道之不亨 不慮生之重 而慮死之或輕 故樂天知命 綽綽然有餘裕者也 致命遂
志 無可奈何而安之者也 其視禍福榮辱 若浮雲之於太虛也 豈區區言語之所及哉
雖然 事有蓋棺而後定 旣往勿追 來者固無窮 苟能革愆改過 遷善徙義 克新乃心
以順其終則所事畢矣 尚復何恨 然則斯籬也非困汝也 將玉汝矣 吁其勉哉 辛巳六
月日 德陽子記)"

21 기준의 銘은 한미현(2018)에서 본격적으로 다뤄졌고 이후 남현희(2021)에서 풍
성하고 깊은 분석이 이루어졌다.

畏 旣充且照]."라 하였다.

내면이 비어있어	虛其內
밝음이 잡되지 않고	明不雜
바깥이 반듯하니,	方其外
邪가 들지 못하네.	邪不入
사가 들지 못하면 내면 충만하고	不入則充內
잡되지 않으면 바깥을 비춘다.	不雜則照外
내면 충만하고 바깥 비추니	旣充且照
무엇이 두렵고 무서우랴.	何懼何畏

불어리는 등 위에 씌워서 물건 따위가 떨어지거나 바람이 불거나 해서 등이 꺼지지 않도록 하는 장치이다. 기준은 불어리를 씌운 등을 보면서 빛으로 충만한 내면, 그리고 어둠을 물리치는 명철의 힘을 발견한다. 빛은 순수한 밝음이다. 이 밝음이 내면에 가득하면 삿된 것이 깃들지 않는다. 발산하는 빛이 어둠을 몰아내듯이, 내면에 가득한 순수한 밝음이 삿된 어둠을 몰아낸다. 빛은 바깥에서 우리를 비추어 밝히는 것이 아니라, 내면에서 세계의 어둠을 비추어 밝히는 것이다. 이제 등불은 저 밖에서 나에게로 빛을 비추어 나에게 드리워진 어둠을 몰아내는 것에서 바뀌어서, 나의 안에서 밝게 빛나 주변의 어둠을 밝히는 것으로 나아간다. 등불이 밤의 어둠을 밝혀내듯, 내면의 빛은 무명(無明)의 어리석음을 물리친다. 중요한 것은, 그 빛이 나에게 있다는 것이다.

기준은 유배의 기간 내내 운명에 순종하면서 내면을 완성하는 데

에 힘썼다. 일상의 사물에 명을 붙여 그 속성을 밝힌 것도 이의 연장
인 것으로 보인다.

6. 밤의 비완(悲惋)함

온성은 육진 개척의 건치 연혁을 보거나, 전성(氈城)이라고도 불
렀다는 지명을 보거나 성과 뗄 수 없는 곳이다. 온성에는 외적을 방
비하기 위하여 쌓은 행성(行城)이 있었고, 읍을 방비하기 위한 읍성
(邑城)이 있었다. 『동국여지승람』에는 온성부의 행성은 높이가 12
척, 길이가 143,768척이라고 했으니 규모가 대단했던 것을 짐작할
수 있다. 그 주변으로 유원진(柔遠鎭), 미전진(美錢鎭), 영건보(永建
堡), 황자파보(黃柘坡堡) 등의 진보(鎭堡)를 설치하고, 성을 쌓아 군
진을 보호했다. 이미 고지도를 통해 보였듯 함경도에는 성보(城堡)
와 군진(軍陣)이 빼곡하였다.

기준은 중종 15년(1520) 12월 이후부터는 한층 더 가혹하게 정비
된 위리안치 생활을 했다. 그런데 이 무렵의 시편을 보면 온성 주변
의 풍광을 읊은 작품이 많고, 또 그곳에서 느끼는 감회를 직접 토로
한 것이 많다. 그러기 때문에 위리안치는 출입을 통제하며, 엄중히
관리한다는 뜻이지 출입이 아예 허락되지 않는다는 것은 아닌 것
같다. 그러니까 비록 제한된 범위이기는 하지만, 관리의 허락을 받
아 주변의 성이나 성루, 언덕과 들판 등을 다닐 수는 있었으며, 군

진의 장군과도 교유할 수 있었다.[22]

중종 16년(1521) 봄 어느 저녁 어느 성마루[城頭]에서 지은 「날 저물어 성에 오르다[日暮登城]」가 권3 제36번째로 실려 있다. 이것은 『기아』, 『국조시산』, 『대동시선』에 봄밤의 서정을 잘 표현한 작품으로 선발되어 있다.

드문드문한 병영에 저녁 비 그치고	殘營收夕雨
외로운 성가퀴에 맑은 봄날 이어진다.	孤堞屬春晴
해 떨어지는 저 멀리 긴 강이 흐르고	落日長江遠
짙은 구름이 옛 변새로 내렸다.	頑雲古塞平
들판 깊고 하늘 기운은 검은데	野深天氣黑
먼 봉우리 수자리에 연기가 푸르다.	峯迴戍煙靑
삼성 북쪽 아득한 곳에는	漠漠三城北
들리는 것은 변새의 젓대 소리 뿐.	唯聞邊笛橫

시인은 예민하게 성 주위의 사물을 훑어본다. 저녁 비가 그치고 멀리 병영이 보인다. 저녁해는 두만강으로 떨어져 내리고 비를 머금은 구름이 들판으로 내려앉았다. 주변이 어둑어둑해지고 모든 물상

---

22 기준의 만년에 교유했던 敬伯이라는 자를 가진 장군이 대표적이다. 경백을 將軍이라 부른 것을 보면 (23번째 시 「경백이 꿈에 "북쪽 땅에 풍기가 사납고 병들고 쇠하니 결연히 돌아가리라"라고 읊었다 하기에 나도 10개 운으로 나누어 시를 지어 위로하며 겸하여 소회를 베풀었다.[敬伯夢 吟北地風氣惡 衰病決然歸之句 子分十韻爲詩以慰之 兼陳鄙懷]」, 94번째 시 「경백의 바둑판에 제하다 [題敬伯棊局]」군진을 지킨 무인임을 알 수 있다. 경백은 기준과 시를 주고받기도 하고 바둑을 두기도 하는 등 기준으로서는 생애 마지막을 함께 한 벗이었다.

은 어둠 속으로 천천히 저물어가고 있다. 먼 병영에서 저녁 짓는 연기가 올라온다. 그리고 아득한 풍광의 저 깊은 곳으로부터 젓대 소리가 들린다. 천천히 멈추어가던 정경은 저녁 짓는 연기와 피리 소리로 깨어난다. 어둠에 물들어가는 적막한 변방에도 파르스름하게 피어오르는 저녁 짓는 연기와 끊어질 듯 아득하게 들려오는 젓대 소리는 사람의 생기를 느끼게 한다.

다음은 「가을날 성마루에서[秋日城頭]」라는 체목으로 권3 84번째 작품으로 실려 있는 작품이다. 이 작품은 『국조시산』, 『해동시선』의 시선집에도 실려 있고, 남용익(南龍翼, 1628~1692)의 『호곡시화』에도 언급되었다. 이 시보다 앞 74번째의 시에 그해 초가을의 정취를 읊었고, 이 시보다 뒤 88번째의 시에서는 9월 8일 꿈에 여러 문사들과 함께 시를 지었다고 하였다.[23] 이로 미루어 보건대 중종 16년(1521) 7월부터 9월 사이의 어느 가을날에 지은 것이 분명하다.

변새 땅에 첫 서리 내리니	塞國初霜下
오랑캐 산이 단번에 반이 누렇다.	胡山一半黃
들은 차가워 나뭇잎 흔들리고	野寒風葉動
강 긴 모래밭에 기러기 길게 내려 앉았다.	江落雁沙長
북방의 기운이 외로운 수자리에 가라앉고	朔氣沈孤戍
변방의 구름은 전장이 익숙하구나.	邊雲老戰場
높은 성 애오라지 눈길 닿는 곳	高城聊極目

---

23 74번째 시가 「초가을. 경백과 술잔을 기울이다 취한 뒤에 쓰다[早秋 與敬伯酌酒 後醉書]」이고 88번째 시는 주석 13 참조.

날 저물고 눈물은 하염없구나.　　　　　　　日暮淚茫茫

　북쪽 지방은 서늘한 여름이 이어지다가 갑자기 가을이 오고 긴 겨울이 시작되는 것이 보통이다. 어느 날 성 앞의 산이 서리를 맞아 갑자기 단번에[一] 반이나 누렇게 물든 것을 묘사하는 것으로 시는 시작된다. 이어지는 3, 4구의 글자 배치는 절묘하다. 5언시이므로 野寒, 風葉動 / 江落, 雁沙長으로 의미 단위를 나누는 것이 규범적 해석이다. 그런데 풍광의 모습은 들에 부는 차가운 바람[野, 寒風]과 나뭇잎의 흔들림[葉動]으로, 그리고 강으로 내려 앉은 기러기[江, 落雁]와 모래밭에 길게 늘어져 있음[沙長]으로 보인다.

　차가운 기운은 한없이 스며들어 변새의 성은 차가운 기운에 잠기고 있다. 성에 올라 눈길 닿는 곳마다 가을의 소슬한 기운으로 슬픔을 이길 수 없이 비탄스럽기만 하다. 흔히 봄은 생장(生長)시키고 가을은 숙살(肅殺)한다고 한다. 꺾고 죽인다는 뜻이다. 가을이 되면 한여름의 장하고 씩씩했던 나뭇잎도 하루아침에 시들어 마르고 서리라도 맞을라치면 온 세상은 고요한 죽음의 침묵으로 빠져든다.

　숙살의 기운은 죽여 없애는 것이 아니라, 안으로 돌이켜 다음의 생장을 준비하게 한다. 숙살이 잔학무도함과 다른 것은 여기에 있다. 생장과 숙살이 상호 대대(待對)로써 상대의 가치를 더욱 빛낸다. 그럴 때 자연의 정경은 숭고한 천리의 순환으로 승화한다. 그러나 이 시의 숙살기(肅殺氣)는 생장과 숙살이라는 자연 운행이나 생명 순환에 대한 너그러움에 기반한 용용(舂容)함과는 거리가 사뭇 멀다.

　그리고 한 해가 저물 듯 하루도 저물어 가고 있다. 이는 이 시에서 한껏 짙어진 슬픔에다가 어둠의 깊이를 더하여 더욱 감상(感傷)을 깊게 한다. 그래서 삶의 종말과 같은 쓸쓸함과 서글픔을 깊게 드리운다. 홍만종(洪萬宗, 1643~1725)은『소화시평(小華詩評)』에서 기준의 시는 유난히 슬픔[悲]과 한탄[惋]의 서정이 강하다고 평했는데, 이 시를 보면 그러한 평이 적실하다 하겠다.

7. 마침내 적연부동(寂然不動)함

중종 16년(1521) 겨울 한밤중에 기준은 온성의 성 머리에 혼자 올라[午夜城頭] 이렇게 읊었다.

한 기운이 엉겨 선정(禪定)에 든 듯한데	一氣凝藏似定禪
네 산의 무리 웅크려 정녕 고요하네.	四山群蟄正寥然
텅 빈 마음은 절로 무형의 바깥에 모이고	虛心自會無形外
정(靜)에 힘쓰니 마땅히 물 있기 전에 통하네.	主靜應通有物前
나무마다 가을의 소리는 피리와 다르지 않고	樹樹秋聲非異籟
강마다 구름 그림자는 하늘과 같구나.	江江雲影是同天
천 갈래 길에 내린 흰 눈은 누구와 감상할까,	千蹊白雪誰相賞
홀로 맑은 바람을 타고 달 가에서 희롱한다.	獨騎淸風弄月邊

여기서도 감상할 사람 없이 혼자 있음은 여전하다. 그러나 이 홀로 있음[獨]은 더 이상 쓸쓸하거나 외롭거나 슬프거나 하는 정서가

아니다. 이곳은 모든 감정이 고요해지는 곳, 물상으로 인하여 마음이 움직이기 전[未發]의 경지이다. 특히 물 이전[物前]이라는 말이 중요하다. 이것은 심(心)이 물과 접촉하기 이전의 상태 적연부동한 성의 상태, 미발의 상태이기 때문이다.

기준은 여기에서 물상의 새로운 모습을 발견한다. 천 갈래 만 갈래로 길은 갈라져도 그곳에 흰 눈이 내려 덮인다. 그곳에서 바람 소리와 피리 소리는 구분되지 않고, 하늘에 뜬 구름과 강물에 비친 구름이 다르지 않다. 이 아득한 경지는 깨달음의 경지이다. 그러기 때문에 홀로 밝은 달빛을 받으며 서성여도 외롭지 않은 것이다.

인간은 천차만별의 기에 하늘의 리를 품부 받는다. 다르고 차이 나는 것은 자연(自然)히 그러하고, 근본으로 돌아가야 하는 것은 당연(當然)히 그러해야 한다. 어느 인간이든 자연의 인간은 홀로 유일한 존재이다. 이 홀로 유일한 존재가 당연의 길을 힘써 걸어가야 한다. 현실적 차별을 인정하고 수용하면서, 서로 다른 차별의 발판 위에서 영원한 이치를 체득해 나아가야 한다. 이곳의 '혼자 있음'은 외로움의 쓸쓸함이 아니라, 홀로 있음의 엄숙함에 더 가깝다. 성리학의 구중(求中)의 명제를 깨닫자, 젊었을 때부터 따라다니던 외로움과 서글픔, 고독감과 비장함이 사라진다.

3권은 모두 113제의 작품이 실렸는데, 위 시는 그중 111번째로 실렸다. 108번째 작품이 「겨울밤[冬夜]」이다. '겨울[冬]'은 통상 음력 10, 11, 12월을 말한다. 기준의 교형(絞刑)을 결정한 날이 10월 17일이고 형이 집행된 것은 10월 28일이다. 그렇게 보면 108번째 「겨울밤」이후 마지막 113번째 「밤에 읊다[夜吟]」까지가 그의 생애

마지막으로 맞은 겨울 10월에 지은 것이라 하겠다. 「겨울밤[冬夜]」
은 다음과 같다.

어느 밤 변방 객의 꿈이 더해　　　　　　　一夜邊州客夢增
가을 하늘 높은데 밝은 빛이 맑다.　　　　　秋天高霽曙光澄
찬 기운은 서가에 들고 산에는 눈이 비끼는데　寒侵書帙山橫雪
추위는 이불과 휘장에 들고 얼음이 강을 둘렀다.　冷逼衾帷江擁氷
온 골짝마다 바람 우는 소리에 거문고 소리 들리고

　　　　　　　　　　　　　　　　　　　　萬壑風鳴聞錦瑟
수 천 봉우리에 달 비추니 외로운 등 마주한다.　千峯月照對孤燈
밤 마칠 때까지 적막하여 향 사르고 앉았는데　終宵寂寞燒香坐
마음은 도리어 입정한 승려 같구나.　　　　心事還如入定僧

　젊은 시절부터 따라다녔던 외로움과 서글픔의 고독감은 탈속함
과 청쇄함의 미감으로 승화되었다. 기준은 아마 이 무렵에는 적연부
동의 깨달음을 얻었고 실천할 수 있던 것 같다.

　성리학의 과제를 이렇게 요약해보자. 진리(眞理)의 근거로서 천
리(天理), 도리(道理)의 담지로서 성리(性理). 심통성정(心統性情)이라
는 대명제 아래 성리(性理)의 체인(體認). 송 성리학자들은 성리가 미
발(未發) 상태라고 여겼다. 그리고 이를 체득하기 위하여 갖은 노력
을 기울였다. 좌망(坐忘)이나 입정(入定)과 같이 도가나 선종 계열에
서 온 수련법도 넓게 채택하여 미발체인(未發體認)을 위한 수양의 수
단으로 삼았다.

　주희(朱熹)는 미발체인이 가능하지 않다는 첫 깨달음에 이어서 마

음이 발하기 이전의 적연부동(寂然不動)의 상태를 유지해야 한다는 두 번째 깨달음을 제출하였다. 이를 통해 도가나 불가의 수련과 다른 유가 성리학의 수양을 완성할 수 있었고 이는 이후 성리학자들의 내면 공부를 위한 실천의 지침이 되었다.

사화기(士禍期) 기묘팔현의 삶에서 알 수 있지만, 이들은 쇄소 응대 진퇴(灑掃應對進退)로 요약되는 일상에서의 소학(小學) 실천을 지치(至治)를 위한 중요한 방도로 삼았다. 그래서 아직은 성리학의 비오(秘奧)에 이르지는 못한 것 같다. 그리고 훈구 문인들이라는 현실적인 문제를 눈앞에 두고 있어 이 문제에 힘쓸 여유를 가질 수 없었을 것이다. 그렇기는 하지만 성리학 구극의 문제가 인간의 마음에 있다는 것은 뚜렷이 이해하고 있었다.

그 점진적이고 누적적 발전은 어떤 계기가 되어 임계점을 넘으면 전연 새로운 양태로 발전한다. 이 임계점을 돌파하는 지점을 특이점이라고 부른다면, 사대 사화(四大士禍) 시기는 특이점이다. 주기론을 확립한 서경덕(徐敬德, 1489~1546)이 기준보다 세 살 위이고, 주리론을 수립한 이언적(李彦迪, 1491~1553)이 한 살 위이다. 이들은 모두 사화로 인하여 자의든 타의든 정계에서의 활동보다는 내면의 성찰과 학문 천착에 힘쓸 수 있었다. 기준 역시 특이점을 경험하고 있었을 것이다.

이 해[신사년, 1521년, 중종16년] 10월 초순에 서울에서는 송사련(宋祀連, 1496~1575)의 일으킨 신사무옥(辛巳誣獄)이 벌어졌다. 송사련은 조광조의 정치적 후원자였던 안당(安瑭, 1461~1521), 안처겸(安處謙, 1486~1521) 등 순흥 안씨 일족을 제거하고자 안당과 정치적으로 대립하고 있던 심정에게 안당 일족의 역모를 고변하였다.[24] 이때 안당의 맏아들 안처겸, 그리고 종친 시산정(詩山正) 이정숙(李正淑, ?~1521)이 도망하는 일이 일어났다.

일이 여기 이르자 전년도에 한 차례 다스렸던 배소 이탈의 옥이 다시 열렸다. 대간은 망명이 풍습이 되었다 비판하고 이런 풍조는 당초 기묘인들로 인해 널리 퍼진 일이라고 비난했다. 그리고 이는 임금이 지나치게 인자해서라고 지적했다.[25] 10월 17일 중종은 김정, 기준을 교형에 처하라는 명을 내렸다. 그리고 그 10월 28일에 기준은 배소에서 형을 받았다.

아마 이 무렵 기준은 미발체인, 적연부동의 깨달음을 얻었고 실천할 수 있던 것 같다. 젊은 시절부터 따라다녔던 외로움과 서글픔의 고독감은 탈속함과 청쇄함의 미감으로 승화되었다. 그러기에 죽음에 임하여도 담담할 수 있었을 것이다.

---

24 『中宗實錄』. 중종 16년 10월 11일. 宋祀連, 鄭瑺이 安處謙과 詩山正 李正叔을 역적 모의로 고변하였다.

25 『中宗實錄』. 중종 16년 10월 17일. "요사이 중한 죄를 범한 사람들이 君上을 업신여겨 곧 잘 망명을 하니 신하된 의리가 과연 어디로 간 것입니까? 그 유래가 대개 金淨·奇遵에게서 나온 것이나, 실지는 성상께서 지나치게 인자하시어 가벼운 법으로 다스렸기 때문이니, 삼가 바라건대 전하께서 합당하게 요량하여 조처하소서."

8. 맺음말

『덕양유고』의 제일 마지막으로 실은 시가 113번째의 시 「밤에 읊다[夜吟]」이다.

가고픈 꿈 남쪽 고개 기러기 따르지 못하면서도	歸夢未隨南嶺雁
마음속 생각은 부질없이 북해 붕새를 저버리려네.	心圖空負北溟鵬
백두산에는 천년 눈이 쌓이고	白頭山積千秋雪
두만강에는 만 길 얼음이 비끼었네.	豆滿江橫萬丈氷
변방 하늘에 서리 내려 외로운 나그네 눈물짓는데	霜落塞天孤客涙
오랑캐 바다에 뜬 달이 고향 등불 같구나.	月臨胡海故鄕燈
한평생 괴로운 한으로 양 귀밑머리 새게 하니	平生苦恨催雙鬢
동방에 떠오르는 밝은 해에 것 부끄럽구나.	羞却東方白日昇

온성에는 일찍 겨울이 닥쳤다. 만년설을 인 백두산에는 다시 눈이 쌓이고, 차가운 두만강은 얼음이 두껍게 얼었다. 겨울 추위 앞에 철새들은 서둘러 따뜻한 남쪽으로 옮겨가느라 분주하기만 하다. 그런데 자신은 허락받지 않고서는 한 걸음도 움직일 수 없는 처지이다.

마음속에 품은 생각이 웅장하면 할수록 옴짝달싹하지 못하는 처지는 날카롭게 대조된다. 이것은 고향 생각으로 인한 괴로움을 넘어선다. 새로 떠오르는 햇살 앞에 자신의 왜소함은 더욱 극명하게 대비된다. 위리안치의 형벌로 현실적으로 고향에 갈 수 없음도 없음이지만 아무도 알아주지 않는 잊힌 존재가 되어 가는 것은 더욱 참담

하게 느껴진다. 밝은 햇살 아래 번민으로 노쇠해진 무명의 존재임을 발견할 때 그것은 부끄러움으로 남는다.

사대 사화(四大士禍) 시기를 돌아보면, 많은 학자들이 자의든 타의든 내면을 다지고 학문에 전심하는 것이 풍조가 되었음을 알 수 있다. 16세기 한국 성리학의 개화는 실로 이 시기에 준비되어 있던 것이다. 지금 『덕양유고』를 통해서 짐작할 수 있는 기준의 생각이나 실록에 나타난 기준의 활동 등을 통해 기준의 성리학 이해를 가늠해보면 16세기에 본격적으로 개화한 성리학에 비하면 확실히 '질박'한 것이 사실이다.[26] 그런데 이언적이 7년의 유배를 통해 주리론적 성리학을 깨치고 전한 것처럼, 기준도 해배와 복권과 같은 행운이 있었더라면 그의 명민함과 예민함으로 자신이 이해한 성리학의 세계를 전했을 것 같다.

시련이 사람을 단련한다고 하지만, 그것은 시련을 잘 견뎌내어야 하는 주체의 역량만이 아니라, 시련이 그치고 그에게 기회를 주어야 하는 객관 상황의 변화가 있어야 가능한 일이다. 이언적을 비롯한 많은 분들에게 주어졌던 행운이 기준에게 주어지지 않았다는 것, 그것이 안타깝다.

---

26 실천을 중심으로 한 성리학적 이해의 모습에 대해서는, 김기현, 「복재 기준의 도학사상」, 『민족문화』 5, 한성대학교 민족문화연구소, 1991가 선편을 잡았고, 박학래, 「복재 기준의 도학 사상과 그 실천」, 『온지논총』 80, 온지학회, 2024으로 논의가 깊어졌다.

* 이 논문은 2024년 7월 19일 아산학연구소 제22차 학술대회에서 구두 발표한 것을 수정했다. 질의를 통해 이 논문을 다듬는 데 도움을 주신 한창섭 선생님, 변종현 선생님께 특히 감사드린다.

보론

송파 이덕민(李德敏)의 삶과
효제(孝悌)윤리의 실천

김일환

1. 머리말

　조선시대 아산에 최초로 건립된 서원(書院)인 인산서원(仁山書院)은 조선 성리학의 비조인 김굉필(金宏弼)과 정여창(鄭汝昌), 조광조(趙光祖), 이언적(李彦迪), 이황(李滉) 등 5명의 뛰어난 성리학자를 배향(配享)하였기 때문에 처음 오현서원(五賢書院)이라 불렸다. 이후 아산을 연고로 한 향현(鄕賢)을 추배하였는데 1619년 만전당 홍가신(洪可臣)이 배향되었다. 다시 1668년에 복재 기준(奇遵), 토정 이지함(李之菡), 송파 이덕민(李德敏), 잠야 박지계(朴知誡)를 배향하였다. 그중 기준은 중종대 기묘사화로 아산에 유배되어 잠시 머물렀고, 이지함은 아산 현감으로 부임하여 이곳에서 순직한 인연으로 배향되었다. 이덕민과 박지계는 각기 효행(孝行)과 학덕(學德)으로 아산 유림의 추앙을 받아 배향된 인물이다. 그런데 이들 중에 현재까지 그의 삶과 활동이 가장 불분명한 채 남아있는 인물이 송파(松坡) 이덕민(李德敏)이다. 그 이유는 그가 평생 사환을 하지 않았을 뿐 아니라 장년에 비교적 일찍 타계함에 따라 문집(文集)이나 저술 등이 남아 있지 않고 설화적이며 단편적인 이야기만 전해질 뿐이기 때문이다.

따라서 이 책에서 이덕민의 생애와 사상을 심층적으로 다루기는 어렵다. 다만 현존하는 자료를 통해 이덕민의 용인이씨 가문의 아산 정착과정을 밝히고 가문적 배경 등을 살피고자 한다. 이를 통해 그의 가문이 당 시대의 정치와 사회적으로 어떤 위치를 차지하고 있었는지를 규명할 수 있을 것이다. 다음으로 이덕민과 관련된 단편적인 자료이나마 그의 행적을 통해 그가 무엇을 지향하고 실천하려 했는지를 살필 것이다. 이를 통해 이덕민의 삶에 대한 기초적인 이해가 가능할 것이다. 현재 이덕민에 대한 학문적 연구 성과도 미미하여 두 편 정도가 참고된다.[1]

---

1   김기승, 「서원의 배향 인물」, 『조선시대 아산지역의 유학자들』, 지영사, 2007. ; 김기승, 「조선시대 아산 지역 서원의 배향인물」, 『순천향 인문과학논총』 19, 2007. ; 신항수, 「인산 서원에 배향되었던 송파 이덕민」, 『아산 유학의 여러 모습』, 지영사, 2010.

2. 용인이씨 이덕민 가문의 백암리 정착과정

아산의 읍지인 『신정아주지(新定牙州誌)』의 「고금총록(古今摠錄)」
을 보면 이덕민의 용인(龍仁)이씨 가문이 아산 백암리(白巖里)에 정
착하게 된 계기는 그의 외가인 개성(開城)고씨(高氏)의 전장(田莊)이
백암리에 있었기 때문이었다. 이덕민의 외조부는 중종대 무인(武人)
으로 활약한 동지중추부사 고자겸(高自謙)이었다.[2] 고자겸은 1504년
(연산군 10) 별시 무과에 장원으로 급제[3]한 인물로 만포첨사, 안변부
사, 온성부사를 역임하였다. 종종대 말에는 함경북도 병마절도사,
경상우도 수사 등 고위 무관직에 오르고 동지중추부사(同知中樞府
事)로 관직을 마감하였다.[4]

고자겸도 백암리에 살고 있던 전주이씨 이청석(李靑石)의 사위가
되어 아산으로 들어온 인물이다. 이청석의 부친 이수인(李守仁)은
이성계의 조부인 도조(度祖, 이춘(李椿))의 맏아들인 이자흥(李子興)
의 증손자이며, 이성계의 사촌형 이천계(李天桂)의 손자였다. 따라
서 세종(世宗)과는 8촌간으로 매우 가까운 친족이었다. 그는 동생
이수의(李守義)와 함께 백암리에 거주하며 가난하게 살고 있었다.[5]

2   『新定牙州誌』「古今摠錄」. 兵使高自謙 司正李靑石 女壻也 無子 有女歸正郎李
    永成 生松坡德敏 德敏女 歸于縣監任弼臣之外孫 辛首榮 豆蕪谷之辛 蓋任氏之外
    裔 亦松坡外裔也 松坡子別提致堯 有女歸 郡守俞希曾子孫 蕃衍.

3   『연산군일기』52권, 연산 10년 4월 10일 신축.

4   『중종실록』87권, 중종 33년 6월 29일 경오.

5   『新定牙州誌』「氏族事實」. 李堅石 度祖第二子 子興之玄孫 司目守仁之子也 以
    湖西伯 始居白岩 蔥田 死葬白岩村 後麓 今稱蔥田之李姓 皆堅石之子 百齡之後

그런데 1433년(세종 15)에 왕실의 '유복지친(有服之親)'을 후대하라는 국왕의 배려로 공한전(空閑田) 5~6결을 하사받고 세금도 견감받았다.[6] 이러한 세종의 후의에 힘입어 이수인은 경제적으로 안정을 얻고 삶이 윤택해 졌다.[7] 또 세조대에 이르러 출사하여 이수인은 부사직(副司直), 동생 이수의는 판의주목사로 벼슬을 했고 두 형제가 모두 좌익(佐翼) 원종공신 2등에 녹훈되었다.

이수인은 2남 1녀를 두었다. 아들 이청석, 이견석(李堅石)은 백암리에서 평생 거주하였고 딸은 초계 변씨인 변자호(卞自浩)에게 출가하였다. 변자호는 초계 변씨 백암리 입향조인데 이순신(李舜臣) 장군의 외고조가 된다.[8] 나중에 이순신의 덕수이씨 가문이 아산에 이주하는 것도 이런 가문적 배경 때문이었다.

고자겸이 이청석의 사위가 됨에 따라 개성고씨 가문도 백암리에 정착하고 전장(田莊)을 소유하게 되었다. 이런 고자겸의 사위가 바로 이덕민의 부친 이영성(李永成, 1508~1543)이다. 고자겸의 딸은 무남독녀여서 그 재산이 모두 남편 이영성의 자손들에게 상속되었을 것이다. 원래 용인이씨는 경기도 용인이 본향으로 이영성의 부친 이

也 李守仁 又有一子 曰靑石 官司正 靑石子雄 官侍直 其子孫 或居豆蕪谷云
　李蕃 忠武公從子也 從忠武公 討倭立功 錄宣武一等功 縣監卞自浩爲李守仁女
　壻 傳得李氏家業 居白岩村 自浩孫守琳 李忠武公外祖也 忠武公父 德淵君貞 以
　卞氏壻 來居焉 守琳 孫存緒 從忠武公 南証力戰 有功 錄宣武功 存緒子瑾家 美甚

6　『세종실록』62권, 세종 15년 11월 23일 임인.
7　『세종실록』83권, 세종 20년 10월 29일 경진.
8　김일환, 「이순신(家)의 아산 정착과 무반(武班) 가문화 과정」, 『이순신연구논총』40, 순천향대 이순신연구소, 2024, 20~24쪽.

홍간(李弘幹, 1486~1546)은 현 용인시 수지구 풍덕천동에 세거지를 두고 있었다. 이영성이 개성고씨와 결혼함에 따라 자식들은 외가가 있는 백암리에서 출생하였고 이곳에 정착해 대대로 뿌리를 내리고 살게 된 것이다.

3. 이덕민의 친가, 용인이씨의 가계(家系)

용인이씨는 시조 이길권(李吉卷)이 고려시대 태사(太師)로 삼중벽상훈(三重壁上勳)에 책록되었다. 이때부터 시작해 오랫동안 내려온 경기도의 뿌리 깊은 명문가이다. 고려시대부터 용인지역을 대표하는 토성으로 자리를 잡았고, 조선시대에는 500여 년간 고관대작을 배출했으며 대제학·문형·청백리도 적지 않다.

이덕민의 현조 이승충(李升忠)은 세종대부터 세조대까지 사환(仕宦)했는데 실직은 대호군을 끝으로 은퇴했다. 고조인 이봉손(李奉孫)은 임피현령(臨陂縣令)을 지냈다. 증조 이효독(李孝篤)[9]은 문과급제 후에 사간(司諫)을 역임했다. 이 무렵에 동생 이효돈(李孝敦), 이효언(李孝彦) 등 삼형제가 문과에 급제하여 가문이 번창하였다.[10] 나아가 아들 이원간(李元幹),[11] 이홍간(李弘幹) 형제도 문과에 급제하였다.

---

9 성종 14년(1483) 계묘 식년시 병과 17위(27/33)로 문과 급제하였다.
10 이효돈은 연산군 4년(1498) 무오 식년시 3등 14위(24/33), 이효언은 중종 5년(1510) 경오 식년시 을과 2위(05/33)로 급제하였다.

<표 1> 이덕민의 가계도

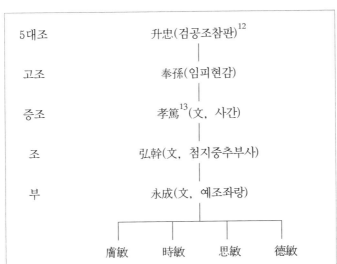

5대조   升忠(검공조참판)[12]

고조   奉孫(임피현감)

증조   孝篤[13](文, 사간)

조   弘幹(文, 첨지중추부사)

부   永成(文, 예조좌랑)

       膚敏   時敏   思敏   德敏

<표 1>에서 확인되듯이 이덕민의 부친 이영성 대까지 직계 조상

---

11 이원간(1473년(성종4)~1527년(중종 22))은 1495년(연산군1) 생원시에 합격하고, 1504년(연산군10) 식년시에 을과 3위(6/31)로 급제하여 정랑·지평·헌납·장령 및 목천현감, 청주·진주의 목사 등을 역임하였다.

12 1420년(세종2)에 입사하였고, 예빈시녹사, 사복시의 直長·판관 및 사복시 소윤을 역임하였다. 1451년(문종1)에 대호군으로 겸사복을 겸대하면서 국왕을 시종하였다. 1455년(세조1) 原從功臣 3등에 책록되고 곧 향리에 퇴거하였다. 70세에 연로 무신이라 하여 가선대부 검중추원부사에 제수되고, 얼마 뒤에 다시 가정대부 검공조참판에 제수되었다. 82세에 老人加資로 資憲大夫가 되었다.(『國朝人物考』 권36 蔭仕)

13 『國朝人物志』1, 成宗朝 李孝篤. 字舜卿, 龍仁人。參判升忠孫。成宗甲午司馬, 癸卯文科。官止司諫。祖母病腫, 醫言:"服蚯蚓汁。"嫌其穢不肯口, 孝篤卽先啜示不穢, 乃服之, 病立愈。居官莅職勤謹, 所歷有遺愛。性和易, 不爲厓岸斬絶之行。【洪貴達撰碑。】弟孝敦, 字子厚。燕山戊午文科, 獻納。孝敦弟孝彦, 字彦之。中宗庚午文科, 僉正。孝篤子元幹, 字幹之。燕山甲子, 生員文科, 正。元幹弟弘幹, 文科, 牧使。弘幹子永成, 字遠期。中宗丁酉文科, 正郎。【《國朝榜目》】

들은 중요 관직을 역임하였다. 이 가운데 조부인 이홍간(李弘幹, 1486~1546)이 주목되는 인물이다. 이홍간은 중종대에 과거에 합격하여 예문관에서 관직을 시작하였다.[14] 그는 조광조(趙光祖) 등 중종대 주요 사림 인사들과 교류하였으며, 기묘사화가 일어났을 때 남곤의 고변을 비판하였으며, 을사사화에서도 처형된 곽순(郭珣)을 조문하였다. 이외에도 역모에 연루된 영산군 전을 구원하는 등 강직한 언론 활동으로 사림의 중망이 높았던 인사였다.[15] 그 결과 수령(守令)으로 좌천되고 절충장군 상호군으로 관직을 끝냈다. 하지만 나중에 기묘명현으로 평가되어 이름이 기묘당적(己卯黨籍)에 들어갔다.[16]

이덕민의 부친 이영성(李永成)은 1528년에 진사, 1537년에 문과 급제에 성공했다.[17] 그 결과 이덕민가(家)는 3대에 걸쳐 여섯 명의 급제자를 배출한 명문가가 되었다. 이영성은 승문원정자, 승정원주서, 정언, 형조좌랑, 병조좌랑, 충청도사, 예조좌랑을 역임했다.[18]

---

14 중종 8년(1513) 계유 식년시 병과 11위(21/33)로 급제하였다.

15 李廷龜,『月沙先生集』47, 僉知李公墓碣銘并序 朋遊皆當世名人。尤與靜庵、沖庵爲道義交。己卯禍作。公常忼慨。語南袞之塙李墠曰。止亭以儒林領袖。再得告變之名。一生名義何居。聞者失色。乙巳獄起。司諫郭詢死於理。知舊無過門者。公在太常。欲以先生禮賻之。諸僚懼及禍莫敢應。公獨賻其喪。群小側目。將搆以法。不少撓。靈山君怪竄斥。人皆知枉而不敢言。公入筵建白。乞依世宗放讓寧故事。中廟改容嘉賞。卽令放之。朝野咸快。

16 『明宗實錄』5권, 명종 2년 1월 12일 을축。李弘幹은 冬至副使로 북경에 갔다가 돌아오던 중에 沙流河에 이르러 병으로 사망했다.

17 중종(中宗) 32년(1537) 정유(丁酉) 식년시(式年試) 을과(乙科) 3위(06/27)로 급제하였다.

18 『國朝人物考』46, 己卯黨籍人 李永成 墓表。駒城李, 諱永成, 字遠期。戊子, 中司馬登。丁酉, 科選, 入承文院爲正字, 拜承政院注書。出授正言, 忤執權戚

그는 관직에 있으며 다양한 인물들과 교유한 것이 확인된다. 그의
교유관계를 보여주는 유물이 「하관계회도(夏官契會圖)」이다.[19] 이영
성이 병조좌랑으로 있을 때 병조 관원의 계회를 그린 그림이다.[20]

숙부인 이향성(李享成, 1524(중종19)~1592(선조25))도 주목되는 인
물이다. 그는 백부 이원간에게 계후(繼後)로 들어갔다. 문음으로 출
사하여 홍산현감을 역임하였다.[21] 은퇴 후 인왕산(일명 필운산) 근처
에 살며[22] 당시 서울에서 가장 아름다운 정원인 세심정(洗心亭)을 가

里, 遞爲刑曹佐郎, 轉兵曹佐郎。時公之大人牧光州, 爲便觀親, 丐補忠淸都事,
滿期而還, 除禮曹正郎。未幾而卒, 是癸卯正月十七日也。公生弘治丙寅, 享年
三十有八。厝于龍仁縣西水眞里公之皇考司諫墓左子坐午向之麓。公之室恭人
開城高氏, 嘉善大夫、同知中樞府事諱自謙之女。萬曆戊寅八月二十四日終, 丙
寅生, 享年七十三。某年十月歸祔于公同域。凡四男二女: 長女適姜應瑞, 次女
適李純仁。子膚敏生男曰致愨, 業武, 取科; 次子時敏, 無后; 次子思敏, 司馬,
無后; 次子德敏, 生男致堯, 生員。

19 보물 869호, 국립중앙박물관 소장.
20 「하관계회도(成世昌 題詩 夏官契會圖)」는 군사에 관한 업무를 맡아보던 夏官
곧 병조에 근무했던 관리들의 계회 모습을 가로 59㎝, 세로 97㎝의 비단 바탕에
그린 계회도이다. 소속이 같은 관료들이 풍류를 즐기고 친목을 도모하는 모임인
계회의 모습을 그린 것을 계회도라 한다. 중종 36년(1541)에 제작된 이 계회도의
상단에는 '하관계회도(夏官契會圖)'라는 명칭이 적혀 있으며, 중단에는 산수를
배경으로 한 야외에서의 계회 장면이 그려져 있다. 하단에는 참석한 선비들의
관직·성명·본관 등의 사항이 기록되어 있으나 오래되어 알아볼 수 없는 글자도
있다. 왼쪽 여백에 쓰인 조선 중기 문신인 성세창의 시를 통하여 중종 36년(1541)
가을의 작품임을 알 수 있다.
21 壬辰年의 난리를 만나서 洪陽의 寓舍에서 병으로 별세하였는데, 향년이 69세였
다. 그해 겨울에 객지인 烏棲山에 임시로 장례하였다가 그로부터 10년이 지난
1601년(선조34)에 용인의 光嶠山에 返葬하였다.(『國朝人物考』권49 牛栗從游
親炙人, 이향성의 碑碣銘;『月沙先生集』卷46, 墓碣 上 鴻山縣監贈承政院左承
旨李公墓碣銘)
22 沈守慶,『遣閑雜錄』(『大東野乘』에 수록). 서울에서 이름이 있는 정원이 한둘이

지고 있었다. 이곳에서 송강 정철(鄭澈), 사암 박순(朴淳), 우계 성혼
(成渾), 백사 이항복(李恒福)과 두터운 교분을 나누는 관계가 되었다.
나중에 이덕민이 성혼과 깊은 교분을 나누게 되는 계기도 숙부 이향
성과 관련이 있다고 보인다.[23]

이상과 같이 기묘명현으로 인정받은 조부 이홍간은 당대의 주요
사림 인사들과 교유하였으며, 부친 이영성 역시 여러 관직을 역임하
면서 당대 사림의 주요 명사와 밀접한 관계를 맺었다. 하지만 이덕
민 형제들 대에 이르면서 이덕민 가의 관직 활동은 중단된다. 4형제
가 모두 관직에 나가지 않았고 셋째 이사민(李思閔)[24]만 생원시에 합

아니지만, 특히 李亨成의 洗心亭은 가장 경치가 좋다. 정원 안에는 樓臺가 있고
그 누대 아래에는 맑은 샘이 콸콸 흐르며, 그 곁에는 산이 있어 살구나무가 헤아
릴 수 없을 만큼 많아서 봄이 되면 만발하여 눈처럼 찬란하고 기타 다른 꽃들도
많았다. 이향성은 매우 시를 좋아하여 매양 시객(詩客)을 맞아들여 시를 지으므
로, 나도 여러 번 가서 구경한 일이 있었다. 上舍 李宏이 세심정을 구경하고자
그 집에 갔는데, 주인 이향성이 마침 병으로 나오지 아니하니, 이굉이 시 한
수를 지어 그 門屛에 크게 쓰기를,
　　섬돌 앞의 푸른 대는 속된 것 고치기 어렵고 / 階前綠竹難醫俗
　　대 아래의 맑은 물은 마음 씻지 못하노라 / 臺下淸川未洗心
하여, 한때 세상에 전해져 웃음거리가 되었다. 임진년 초봄에 내가 어느 친우의
집에 가니 그 자리에 이향성의 여종이 거문고를 타고 있기에 내가 절구 한 수를
지어 그 여종에게 주며 그 주인인 이향성에게 전하라고 하였다. 그 시에,
　　거문고 소리 들을 만한데 타는 여자 누구뇨 / 彈琴可聽誰家女
　　스스로 세심대 하인이라고 말하네 / 自說洗心臺下人
　　만 그루 살구꽃 피기를 기다려 / 要待萬株山杏發
　　술병 가지고 봄놀이 감세 / 爲携壺酒去尋春
하였다. 그 후 兵亂으로 세심대의 경치도 다시는 감상하지 못하였다.
23 李恒福, 李亨成 碑碣銘. (『國朝人物考』 권49, 牛栗從游親炙人)
24 3형인 이사민은 1541년(중종36)생으로 이덕민 보다 두 살 위이다. 36세이던
　　1576년(선조9)의 식년 생원시에 100명 중 69등으로 합격하였다.

격한 기록이 남아있다. 막내인 이덕민은 아산에 머물면서 아산 지역
의 대표적인 유학자로 활동하게 되는데 이에 대해서는 다음 부분에
서 살펴보도록 하겠다.

4. 이덕민의 삶과 효재(孝悌)의 실천

아산현 읍지인 『신정아주지(新定牙州誌)』 학행(學行)조에는 이덕
민에 대해 다음과 같이 기록하고 있다.

> 자는 계도(季道)이며, 호는 송파(松坡)이고, 본관은 용인(龍仁)이다.
> 백암리에 거주하였는데, 천성이 효성스럽고 우애가 있었다. 자신이 유
> 복자로 태어나 아버지의 얼굴을 알지 못함을 항상 한스럽게 여겨서, 어
> 머니의 삼년상을 마치고 아버지의 상복을 추가하여 삼년을 더 입었다.
> 백형(伯兄) 사민(思敏)의 거처가 조금 멀었는데, 항상 찾아 뵐 때에는
> 지팡이를 대문 밖에 버려두고 달려 들어갔다고 한다. 조용히 의리를 연
> 구하고 오로지 위기지학(爲己之學)에 힘썼으며, 홍만전(洪晩全 ; 홍가
> 신)과 홍송곡(洪松谷 : 홍익현)과 더불어 도의(道義)로써 교유하며 왕래
> 하였고 강학(講學)을 했다. 그가 졸하니 처사 조상우(趙相禹)가 곡하며
> 시를 지었다.
> "어머니 상기(喪期)를 마치고 슬픔으로 인해 추복을 하였고, 형님의
> 집 앞에서는 지팡이를 버리고 달려갔다네." 후에 아산 인산서원에 배향
> 되었다.[25]

위의 기사는 이덕민의 삶을 간단하게 설명하고 있지만 사실은 가장 잘 요약한 내용이기도 하다. 그것은 현재 이덕민의 삶을 상밀하게 들여 볼 자료는 현존하지 않기 때문이다. 『신정아주지(新定牙州誌)』나 다른 사람들의 문집 등 단편적인 몇몇 자료에 의존할 수 밖에 없다. 그중에서도 그의 삶을 가장 진솔하게 정리하고 있는 자료가 『국조인물고(國朝人物考)』에 올라있는 신석규(辛錫奎)가 쓴 행장이다. 신석규는 숙종조에 진사시에 합격한 인물로 예산에 거주하는 유생인데, 이덕민 막내딸의 증손자이다.[26] 그 내용을 중심으로 이덕민의 삶을 재구성해 보면 다음과 같다.

이덕민은 1543년(중종 38) 9월 24일에 태어났다. 태어나기 8개월 전인 그해 1월에 부친이 38세로 사망함에 따라 유복자로 출생하였다. 그의 나이 36세인 1578년(선조 11) 모친이 73세로 별세하자 아산에서 경기도 구성현(駒城縣) 수진리(水眞里)의 부친 묘역에 부장(祔葬)하였다. 이곳에서 모친을 위해 여묘살이 3년을 마치고 곧 부친을 위해 또다시 시묘살이 3년을 지냈다.

---

25 『新定牙州誌』學行. 李德敏 字季道號松坡龍仁人卜居白巖 天性孝友 常自痛以遺腹 不識父面 母喪服闋後 追服父喪 伯兄思敏 居稍遠 每往謁捨杖門外趨而入 潛究義理 專務爲己之學 與洪松全 洪松谷 相爲道義交往來 講學焉 及卒 處士趙相禹 哭之以詩曰 齋衰喪後 因哀稅 伯氏堂前 去杖趨 後配享仁山書院

26 辛錫奎(1683(숙종9)~?). 본관이 靈山이며 禮山에 거주하며 숙종 40년(1714) 갑오 증광시 [진사] 3등 34위(64/100)로 합격하였고 이덕민의 넷째 사위인 그의 증조부는 辛首榮이다.
『新定牙州誌』「古今摠錄」. 兵使高自謙 司正李靑石 女壻也 無子 有女歸正郎李永成 生松坡德敏 德敏女 歸于縣監任弼臣之外孫 辛首榮 豆蕪谷之辛 蓋任氏之外裔 亦松坡外裔也 松坡子別提致堯 有女歸 郡守俞希曾子孫 蓄衍

두 번의 시묘살이를 끝내고 귀가하자 딸이 놀라 어머니 최씨에게 "문밖에 머리 하얀 늙은이가 서성거린 지 오래입니다."하니 부인이 슬퍼하며 말하기를, "너의 아버지가 아니겠느냐?"하며, 베틀에서 내려와 살펴보니 바로 이덕민이 비로소 부모상을 마치고 돌아온 것이라는 일화가 전해진다. 이러한 이덕민의 극진한 효행은 향리의 옛 친구들에게 깊은 감동을 주어 모두 그 일을 말하며 눈물을 흘리는 자가 많았다 한다. 이때 보여준 효행(孝行)은 이덕민을 향리에서 높이 평가하는 척도가 되었다.

또 그는 두 살 위 중형(仲兄) 이사민(李思敏)과 인접해 살면서도 언제나 살피고 만나면 절을 하였다. 대문 밖에서 지팡이를 버렸고, 문밖 울타리 가에 지팡이를 세워두는 곳이 있었는데 허리를 굽히고 들어가 꿇어 엎드려서 형을 뵈었다 한다. 중형은 늘 민망히 여겨 말리기를, "머리가 허옇게 같이 늙어가면서 무슨 일을 이렇게 하느냐?"고 할 정도로 존경과 우애가 극진했다.[27]

이덕민이 보여준 이러한 효행과 형제간의 우애는 현종이 질병 치료를 목적으로 온양온천을 찾아왔을 때 아산 유림들에 의해 포상이 상신될 정도였다.[28] 유교적인 효제(孝悌)윤리를 가장 잘 실천한 인물

---

27 『國祖人物考』宣祖朝 李德敏. 崔孺人嘗謂諸子曰 吾與而父作夫婦平生. 未嘗一見 其足樣也 與仲兄思敏同居 嘗省拜 止大門外 去杖籬邊 恒有植杖處 趨入俯伏而見 仲兄止之曰 共老何事乃爾；成海應, 『研經齋全集』卷 五十三, 逸民傳. 婦崔氏嘗 謂諸子曰吾與而父居. 未嘗一見足也. 事仲兄思敏甚勤. 每詣之止杖門外. 趨 入俯謁. 思敏止之曰俱老白首矣. 何乃爾耶.

28 『新定牙州誌』「氏族事實」. 李之綱 堯臣孫也 力擧負望爲詞林所宗 顯廟幸溫泉 時 倡議裁疏 請褒四孝一烈 皆蒙允 或陞職 或贈秩 或旌閭 卽李德敏 洪棄 金孝一

로 평가를 받았던 것이다.

　이덕민은 백암리에 살며 아산과 목천(木川) 일대에 사는 유생들과 도의(道義)로서 교류하는 각별한 관계를 유지하였다. 당시 아산의 대표적인 유림인 만전당 홍가신(洪可臣), 송곡 홍익현(洪翼賢), 풍천 임기(任琦),[29] 효렴 강봉수(姜鳳壽), 묵헌(黙軒) 이분(李芬),[30] 조상우(趙相禹) 등과 교유하였다. 목천의 유림으로는 황종해(黃宗海)의 중부(仲父)인 황덕기(黃德基),[31] 김응희(金應禧),[32] 이복장(李福長)[33] 등과

權大平 良女莫介也

29　任琦(1539년 (중종34)~1594년(선조27)). 자는 稚圭, 호는 醒菴, 湖竹며 任鼐臣의 아들이다. 풍천 임씨 아산지역 입향조이다. 1568년(선조1) 진사시에 합격하고 임란 중에는 충청도의 의병장으로 활약하였다. 처부는 한성부 판관 李賓國이다. 대흥 현감을 역임하였다. 후손들이 아산의 유력한 사족 가문을 형성하였고 염치의 동정리에 세거하고 있다.(『新定牙州誌』「氏族事實」, 縣監任琦 字稚圭 始居本縣 當壬辰之亂 倡率義兵 戰輒有功 後贈參議 其子孫 世居于竹谷及獨亭村 或移居 佗邑)

30　李芬(1566(명종21)~1619(광해군11))은 본관이 (德水. 자는 馨甫, 호는 黙軒. 조부는 李貞이다. 부친은 李義臣이며, 모친은 姜世溫의 딸이다. 충무공 李舜臣의 조카이다. 1605년(선조38)에 비변사가 수령의 재목될 만한 자와 학행의 정예한 자를 천거할 때 수령에 천거되었고, 七夕科製에 入格하여 館試에 부쳐졌다. 1608년 별시 문과에 병과로 급제하여 형조좌랑·병조정랑이 되었다. 이때『선조실록』편찬에 편수관으로 참여하였고, 1610년(광해군2)에 서장관書狀官으로 동지사 鄭經世를 따라 焰硝를 사오는 데 공헌하였다 하여 승급되었다. 1617년(광해군9) 강원·경상조도사(江原慶尙調度使)의 종사관(從事官)이 되었다. 사과(司果) 등을 역임하였다.

31　黃德基[1545~1601]의 본관은 懷德, 자는 景履이고 호는 比豊이다. 할아버지는 성균관 생원 黃友參, 아버지는 선무랑 黃潤霖이며, 어머니는 宣略將軍을 역임한 韓瑚의 딸 청주한씨이다. 첫째부인은 閔希曾의 딸이고 둘째부인은 權愊의 딸이다.(천안 향토문화전자대전)

32　金應禧(1537(중종32)~?). 자는 以錫, 본관은 彦陽이다. 宣祖 1년(1568) 戊辰增廣試 진사 3등 28위(58/100)에 합격하였다.

깊이 교유하였다.[34]

그중 이웃에 살던 홍가신(洪可臣)은 자주 이덕민을 찾아 가마를 타고 지나며 종일토록 담론을 즐겼다한다. 그는 이덕민의 높은 덕의 (德義)를 사모하여 '군자 뜰 앞의 대나무는 푸르고 푸르기를 추운 겨울까지 이르렀네'라는 말을 남겼다.[35] 우계(牛溪) 성혼(成渾)도 일찍이 말하기를, "그대는 끝까지 뜻을 지켜 세상에 알리려 하지 않았으니, 내가 세상의 티끌에 따르려는 것으로 볼 때에 실은 태산(泰山)에 개미둑과 같다"고 경의를 표하였다.

그런 가운데 이덕민은 거처인 백암촌(白巖村)에 삼성당(三省堂)을 짓고 산림(山林)에 들어앉아 학문(爲己之學)에 몰입하는 한편 자제를 교육하여 원근에서 찾아와 배우는 자가 날로 많았다한다. 아산지역

---

33 李福長[1546~1630]은 아홉 살 되던 해에 어머니가 병이 나자 사당에서 쾌유를 빌었고, 손가락을 잘라 어머니의 입에 피를 흘려 넣어 회생시키기도 했다. 임진왜란 때는 의병을 일으켜 목천 동쪽인 병천면 도원리의 작성산에서 성벽을 수비하였는데, 10여 일 동안 왜적과 싸워 수백의 적군을 무찔렀다. 이와 관련해서는 까치들이 홀연히 무리를 지어 산을 뒤덮어 왜적들이 놀라 달아났다 하여 '鵲城'이라는 산 이름이 유래되었다는 전설이 전한다. 한편 이복장은 鄭經世와 함께 지역 유림을 설득하여 竹林書院을 창건한 뒤 초대 서원장이 되었다. 죽림서원은 濯纓 金馹孫·寒崗 鄭逑·朽淺 黃宗海를 배향해 오다가 1676년(숙종2)에 '道東書院'이라는 사액을 받았다. 1871년(고종8) 흥선대원군의 서원철폐령으로 훼철되었다.(천안향토문화전자대전)

34 黃宗海,『朽淺先生集』卷8,「行狀」, 仲父行狀.

35 홍가신은 당시 仕宦 중이라 아산에 머물 시간이 별로 없었다. 1588년에 이덕민이 사망하는 것을 보면 두 사람이 아산에서 자주 만난 것은 1579년(선조12)에 홍가신이 모친이 작고하여 3년상을 치르며 시묘살이를 하기 위해 향리에 머물 때 서로 빈번히 왕래했을 것으로 짐작된다. 『新定牙州誌』, 松坡堂 在白岩里 處士 李德敏所居 庭前種升成林以寓 洪晚全詩曰 君子堂前升 靑靑度歲寒 春風到庭樹 榮悴不渠干

유림교육과 후학 양성에 헌신한 것이
다. 이덕민은 1588년(선조 21) 12월 13
일에 46세를 일기로 타계하였다. 관
직에 나가지 않고 평생을 향리에 머
물며 도의(道義)와 학문연마에만 몰두
하였기에 그의 묘비에는 '송파처사(松
坡處士)'라 지칭하였다. 이와 같은 이
유로 아산 유림들은 이덕민을 기려
1668년 오현서원에 향현을 배향할 때
추배(追配)하기로 결정하였다.

〈그림 1〉 이덕민의 묘비
(아산 도고면 농은리
열명이마을에 있는 용인이씨
종중묘역)

　　이덕민은 1남 4녀를 두었는데 아
들 이치요(李致堯, 1572년(선조 5)~?)
는 1610년(광해군 2)에 생원시에 합격
하고[36] 별제(別提) 벼슬을 하였지만 이후 직계자손은 단절되었다. 다
만 측실(側室)로부터 아들 이득선(李得宣)을 얻었고, 이득선은 두 아
들을 두었으나 하호(下戶)로 영락했다고한다. 이덕민의 딸 넷은 참
봉 이간(李衎)과 사인(士人) 강유(姜儒)와 변근(卞瑾), 신수영(辛首榮)
에게 각각 출가하였다. 그중에 셋째 사위 변근(卞瑾)은 이순신의 외
사촌인 변존서(卞存緖)의 아들이다. 넷째 사위 신수영(辛首榮)은 현
감 임필신(任弼臣)의 외손자로 그 후손들도 백암리 두무곡(豆蕪谷)에
정착하였다. 아들 이치요의 딸은 마전군수를 역임한 유희증(俞希曾)

36　광해군 2년(1610) 경술 식년시 [생원] 2등 8위(13/100)로 합격하였다.

과 혼인하였는데 이덕민 집안이 절손되었기에 기계유씨 가문에서
외손봉사(外孫奉祀)를 했다한다.[37]

5. 맺음말

송파 이덕민의 생애를 용인이씨의 아산 정착과정과 그의 가계(家
系)와 효제(孝悌)윤리의 실천 모습, 교우관계, 인산서원 배향자로 선
정되는 과정 등을 중심으로 살펴보았다. 이상에서 살펴본 내용을 정
리하면 다음과 같다.

이덕민의 용인이씨 가문이 아산에 정착하는 계기는 부친 이영성
이 고자겸의 사위가 된 연유에서 비롯되었다. 고자겸도 전주이씨 이
청석의 사위가 되어 아산에 정착한 인물인데 처가로부터 상속된 재
산이 무남독녀인 개성고씨의 혼인을 통해 이영성의 아들들에게 상
속되었다고 짐작된다. 그 결과 이영성의 근거지는 경기도 구성현(駒
城縣)이지만 그 자손들은 아산에 뿌리를 내리게 되었다.

가문적으로 이덕민은 기묘명현으로 유명하였던 이홍간의 손자이
다. 이홍간은 기묘명현이라는 배경을 가지고 당대의 주요 인사와 교
류하였다. 부친 이영성도 예조정랑 등을 지내고 많은 문사들과 활발

---

37 辛錫奎, 李德敏行狀,『國朝人物考』권50, 牛栗從游親炙人. ;『寒水齋先生文集』
　　제26권, 墓碣, 郡守贈參判 俞公希曾 墓碣銘.

한 교류를 하였다. 숙부 이향성은 인왕산에 주거를 가지고 있으며 서인 세력의 중심인물이라 할 수 있는 송강 정철(鄭澈), 사암 박순(朴淳), 우계 성혼(成渾), 백사 이항복(李恒福) 등과 두터운 교분을 나누는 관계였다. 성혼이 이덕민의 절조를 크게 칭찬하는 사례를 보아 자신은 관직 생활을 하지는 않았어도 그의 명성에는 이러한 유력한 선조들의 배경이 크게 작용한 것으로 보인다.

이덕민이 아산의 대표적 유학자로 인정받을 수 있었던 계기는 그의 효행(孝行)을 비롯한 유교적 가족윤리의 실천이었다. 이에 더하여 지역에서의 강학(講學) 활동은 그를 덕행과 학문을 겸비한 유일지사(遺逸之士)로 인정받을 수 있게 하였다. 이러한 선대 및 자신의 활동으로 이덕민이 당대 아산의 주요 유학자로 인정받았으며 그 결과 인산서원의 배향 인물이 되었다는 점을 알 수 있다.

이덕민이 갖는 역사적 의의는 그가 아산 지역에서 활동한 초기 사림으로 매우 중요한 인물이라는 점이다. 즉 그는 홍가신 등과 함께 사림이 활동하기 시작한 16세기 이후 본격적으로 아산 지역에서 유교 윤리를 실천하면서 학문 활동을 한 1세대 사림이었다. 홍가신이 중앙의 주요 관직을 역임하였던 것과 대조되게 그는 지역에서의 유교 윤리 실천에 앞장선 인물이었다. 이러한 1세대 사림의 활동에 힘입어 그의 다음 세대에서 잠야 박지계(朴知誡), 외암 이간(李柬) 등의 주요 성리학자들이 나오게 되는 것이다. 이상과 같이 이덕민의 생애를 살펴보았으나 자료의 한계로 구체적인 활동을 살펴보지 못했다는 점을 인정하지 않을 수 없다.

【복재 기준(奇遵)의 정치개혁활동과 인산서원 추배과정 _ 김일환】

『高麗史』, 『文宗實錄』, 『世祖實錄』, 『中宗實錄』, 『宣祖修正實錄』, 『肅宗實錄』, 『承政院日記』, 『高峯集』, 『慕齋集』, 『靜菴先生續集』, 『輿地圖書』, 『服齋先生文集』, 『靜菴集』, 『德陽遺稿』, 『德陽遺稿補遺』, 『隱峯全書』, 『備邊司謄錄』, 『服齋先生文集』, 『幸州奇氏大同譜』, 『惺所覆瓿藁』, 『鶴山樵談』

이병휴, 『조선전기 기호사림파연구』, 일조각, 1984.
외암사상연구소 엮음, 『아산 유학의 여러 모습』, 지영사, 2010.

권연웅, 「조선 중종대의 經筵」, 『吉玄益敎授停年紀念史學論叢』, 1996.
金基鉉, 「服齋 奇遵의 도학사상」, 『민족문화』 5, 한성대 민족문화연구소, 1991.
金鍾振, 「服齋 奇遵의 詩에 대한 考察」, 『향토문화연구』 4, 원광대 향토문화연구소, 1987.
김기승, 「서원의 배향인물」, 『조선시대 아산 지역의 유학자들』, 지영사, 2007.
_____, 「조선시대 아산 지역 서원의 배향인물」, 『순천향 인문과학논총』 19, 2007.
김기현, 「복재 기준의 도학사상」, 『文峯書院과 高陽八賢』, 高陽鄉校, 2005.
金基鉉, 「服齋 奇遵의 哲學思想」, 『韓國儒學思想論文選集』 7, 士林派와 道學思想 (1), 한국철학사연구회 [편]. 불함문화사, 1993.
김일환, 「중종 때의 개혁정치가 복재 기준」, 『아산 유학의 여러 모습』, 지영사, 2010.
남현희, 「服齋 奇遵의 「六十銘」에 대한 연구」, 성균관대학교 박사학위논문, 2021.
_____, 「服齋 奇遵의 六十銘 창작 의도와 구성」, 『한문학보』 41, 우리한문학회, 2019.

박학래, 「복재(服齋) 기준(奇遵)의 도학 사상과 그 실천」, 『온지논총』 80, 온지학회, 2024.

손유경, 「服齋 奇遵의 유배기 작품에 관한 일고찰」, 『한문교육논집』 34, 한국한문교육학회, 2010.

송웅섭, 「기묘사화와 기묘사림의 실각」, 『韓國學報』 119, 2005, 일지사.

_____, 「服齋 奇遵의 정치 활동과 己卯八賢으로서의 위상」, 『白山學報』 129, 백산학회, 2024.

梁大淵, 「奇服齋와 名物思想」, 『성균관대 논문집』 6, 1961.

_____, 「奇服齋와 名物思想」, 『韓國儒學思想論文選集』 7, 士林派와 道學思想 (1), 한국철학사연구회 [편], 불함문화사, 1993.

여운필, 「服齋 奇遵의 詩世界」, 『한국한시작가연구』 4, 1999, 태학사.

유진희, 「服齋 奇遵의 紀行詩 研究」, 『韓國漢文學研究』 75, 한국한문학회, 2019.

윤사순, 「조선조 선비와 문봉서원 八賢」, 『文峯書院과 高陽八賢』, 高陽鄉校, 2005.

이병휴, 「조선전기 사림파의 실체와 성격」, 『조선시대사학보』 39, 2006.

한미현, 「服齋 奇遵의 文學 研究」, 충남대학교 박사학위논문, 2018.

【복재(服齋) 기준(奇遵)의 정치 활동과 기묘팔현(己卯八賢)으로서의 위상 _ 송웅섭】

김기현, 「복재 기분의 도학사상」, 『민족문화』 5, 한성대 민족문화연구소, 1991.

김돈, 「중종조 기묘사화피화인의 소통문제와 정치세력의 대응」, 『국사관논총』 34, 국사편찬위원회, 1992.

김영민, 「성리학의 형이상학-개별 자아의 세계 전유」, 『철학과 현실』 58, 철학문화연구소, 2003.

김우기, 「조선 중종 후반기의 척신과 정국의 동향」, 『대구사학』 40, 대구사학회, 1990.

김일환, 「복재 기준의 생애와 정치활동」, 『아산의 역사 문화 연구』, 보고사, 2021.

김종진, 「복재 기준의 시에 대한 고찰」, 『향토문화연구』 4, 원광대향토문화연
　　구소, 1987.

민병희, 「주희의 "대학"과 사대부의 사회·정치적 권력: 제도에서 심의 "학"으로」,
　　『중국사연구』 55, 중국사학회, 2008.

손유경, 「복재 기준의 유배기 작품에 관한 일고찰」, 『한문교육연구』 34, 한국한
　　문교육학회, 2010.

송웅섭, 「기묘사림과 '공론지상주의'」, 『역사와 현실』 108, 한국역사연구회,
　　2018.

＿＿＿, 「기묘사화와 기묘사림의 실각」, 『한국학보』 119, 일지사, 2005.

＿＿＿, 「중종대 기묘사림의 구성과 출신배경」, 『한국사론』 45, 서울대학교,
　　2001.

여운필, 「복재 기준의 시세계」, 『한국한시작가연구』 4, 태학사, 1999.

유진희, 「복재 기준의 기행시 연구」, 『한국한문학연구』 75, 한국한문학회,
　　2019.

이병휴, 『조선전기기호사림파연구』, 일조각, 1984.

Peter K. Bol, 『역사속의 성리학』, 예문서원, 2010.

【복재(服齋) 기준(奇遵)의 도학 사상과 그 실천 _ 박학래】

奇遵, 『德陽遺稿補遺』

＿＿, 『德陽遺稿』

奇大升, 『高峯先生續集』

＿＿＿, 『高峯續集』

柳根, 『西坰集』

柳馨遠, 『東國輿地志』

朴淳, 『思菴集』

尹根壽, 『月汀集別集』

趙璥, 『荷棲集』

趙光祖, 『靜菴先生文集附錄』

『論語』

『朱子語類』
『中宗實錄』

김용헌, 『조선 성리학, 지식권력의 탄생』, 프로네시스, 2010.
김일환, 『아산의 역사 문화 연구』, 보고사, 2021.

김기현, 「복재 기준의 도학사상」, 『文峯書院과 高陽八賢』, 고양문화원, 1991.
김세봉, 「朝鮮前期의『大學(衍義)』認識」, 『東洋古典研究』 16, 동양고전학회, 2002.
김용헌, 「조선전기 사림파 성리학의 전개와 특징」, 『국학연구』 19, 한국국학진흥원, 2011.
김종석, 「도통론에 가려진 조선중기의 유학자, 진일재 류숭조」, 『국학연구』 19, 한국국학진흥원, 2011.
남현희, 「服齋 奇遵의 「六十銘」 창작 의도와 구성」, 『漢文學報』 41, 우리한문학회, 2019.
설석규, 「조선시대 유생의 문묘종사 운동과 그 성격」, 『조선사연구』 3, 조선사연구회, 1994.
우정임, 「조선전기『性理大全』의 이해 과정」, 『지역과 역사』 31, 부경역사연구소, 2012.
유진의, 「服齋 奇遵의 紀行詩 研究」, 『韓國漢文學研究』 75, 한국한문학회, 2019.
이해준, 「신씨복위소 論難과 재평가의 성격」, 『유학연구』 28, 충남대학교 유학연구소, 2013.
정용건, 「낙촌(駱村) 박충원(朴忠元)의 문학 세계 고찰」, 『어문논집』 92, 민족어문학회, 2021.
정재훈, 「대학연의(大學衍義)와 조선의 정치사상」, 『韓國思想史學』 64, 한국사상사학회, 2020.
＿＿＿, 「조선 전기『대학』의 이해와 성학론」, 『진단학보』 86, 진단학회, 1998.
정호훈, 「조선전기『小學』 이해와 그 학습서」, 『韓國系譜研究』 6, 한국계보연구회, 2016.
조원래, 「사화기 호남사림의 학맥과 김굉필의 도학사상」, 『동양학』 25, 단국대학교 동양학연구원, 1995.

지두환, 「朝鮮前期 文廟從祀 論議 : 鄭夢周·權近을 중심으로」, 『역사와 세계』
9, 효원사학회, 1985.

_____, 「朝鮮前期 『大學衍義』 이해 과정」, 『泰東古典研究』 10, 한림대학교 태
동고전연구소, 1993.

한민현, 「服齋 奇遵의 文學 研究」, 충남대학교 박사학위논문, 2018.

한국고전번역원, 한국고전종합DB(https://db.itkc.or.kr/)

【복재(服齋) 기준(奇遵) 시의 밤 이미지_ 김성룡】

奇遵, 『德陽遺稿』. 한국고전번역원 https://db.itkc.or.kr/
奇遵, 박경래 역. 『國譯 德陽遺稿』. 광주 : 지역문화교류호남재단, 2017.
『국역 朝鮮王朝實錄』. 『中宗實錄』. 한국고전번역원. https://db.itkc.or.kr/
『국역 朝鮮王朝實錄』. 『成宗實錄』. 한국고전번역원. https://db.itkc.or.kr/
『국역 新增東國輿地勝覽』. 한국고전번역원. https://db.itkc.or.kr/
安瑠, 『己卯錄補遺』. 한국고전번역원. https://db.itkc.or.kr/
李肯翊, 『燃藜室記述』. 한국고전번역원. https://db.itkc.or.kr/

디지털아산문화대전. https://asan.grandculture.net/
한국학자료포털. https://kostma.aks.ac.kr/

고승희, 「조선후기 함경도 內地鎭堡의 변화」, 『한국문화』 36, 규장각한국학연
구원, 2005.

김기현, 「복재 기준의 도학사상」, 『민족문화』 5, 한성대학교 민족문화연구소,
1991.

김성룡, 「詩讖의 시학적 의의」, 『시화학』 2, 동방시화학회, 1999.

남현희, 「복재 기준의 '六十銘'에 대한 연구」, 성균관대학교 박사학위논문,
2021.

박학래, 「복재 기준의 도학 사상과 그 실천」, 『온지논총』 80, 온지학회, 2024.

송웅섭, 「복재 기준의 정치 활동과 己卯八賢으로서의 위상」, 『백산학보』 129, 백산학회, 2024.

여운필, 「복재 기준의 시세계」, 『한국한시작가연구』 4, 한국한시학회, 1999.

유진희, 「복재 기준의 기행시 연구」, 『한국한문학연구』 75, 한국한문학회, 2019.

한미현, 「복재 기준 문학 연구」, 충남대학교 박사학위논문, 2018.

【송파 이덕민(李德敏)의 삶과 효제(孝悌)윤리의 실천_ 김일환】

『國朝人物考』, 『新定牙州誌』, 『寒水齋先生文集』, 『朽淺先生集』, 『月沙先生集』, 『遺閑雜錄』, 『朝鮮王朝實錄』

이병휴, 『조선전기 기호사림파연구』, 일조각, 1984.

외암사상연구소 엮음, 『아산 유학의 여러 모습』, 지영사, 2010.

김기승, 「서원의 배향 인물」, 『조선시대 아산지역의 유학자들』, 지영사. 2007.

_____, 「조선시대 아산 지역 서원의 배향인물」, 『순천향 인문과학논총』 19, 2007.

신항수, 「인산 서원에 배향되었던 송파 이덕민」, 『아산 유학의 여러 모습』, 지영사, 2010.

김일환, 「이순신(家)의 아산 정착과 무반(武班) 가문화 과정」, 『이순신연구논총』 40, 순천향대 이순신연구소, 2024.

집필진(원고 수록순)

김일환

홍익대학교 역사교육과, 고려대대학원에서 문학석사, 홍익대대학원에서 문학박사를 받고 호서대학교 창의교양학부 교수로 재임하다가 정년퇴직을 했다. 한국학중앙연구원 책임연구원, 홍익대학교 겸임교수, 순천향대학교 아산학연구소 초빙교수 등을 역임했다. 주요 논저로 『아산의 역사문화연구』(보고사, 2021), 『동아시아 문명과 생명−생태 성장사회』(공저, 보고사, 2022), 『만전당 홍가신의 삶과 철학』(공저, 보고사, 2023), 「임진왜란 후 청난공신(淸難功臣) 선정에 관한 연구」(『한국사학사학보』 46, 한국사학사학회, 2022) 외 다수가 있다.

송웅섭

단국대학교 역사학과를 졸업하고 서울대학교 대학원 국사학과에서 석사·박사학위를 취득했다. 서울대학교 규장각한국학연구원에서 책임연구원으로 근무하다가 현재 총신대학교 역사교육과 교수로 재직 중이다. 주요 연구로는 「기묘사화와 기묘사림의 실각」·「조선 성종의 우문정치와 그 귀결」·「조선 초기 공론의 개념에 대한 검토」·「고려 말 ~ 조선 전기 '정치세력의 이해' 다시 보기」·「기묘사림과 공론지상주의」 외 다수가 있다.

박학래

고려대학교 대학원에서 철학박사학위를 취득했으며 현재 국립군산대학교 철학과 교수로 재직 중이다. 주요 경력으로 (사)노사학연구원 원장, 국립군산대학교 문화사상연구소 소장, 범한철학회 부회장, 한국철학사연구회 부회장 등을 역임하였다. 논저로『奇正鎭 哲學思想 硏究』(高麗大民族文化硏究院, 2003),『기정진 : 한말 성리학의 거유』(성균관대 출판부, 2008),『여헌 장현광 평전』(예문서원, 2017) 외 다수가 있다.

김성룡

서울대학교 대학원에서 문학박사학위를 취득했으며 현재 호서대학교 한국언어문화학과 교수로 재직 중이다. 주요 경력으로 한국고전문학교육학회 회장, 한국문학교육학회 회장, 한국작문학회 회장 등을 역임하였다. 논저로『한국문학사상사 1』(이회, 2006),「사가 서거정의 시학과 문학사상」(2021),「삼봉 이야기를 중심으로 한 가능 세계의 이야기론」(2021) 외 다수가 있다.

아산인물총서 3

복재 기준의 도학사상과 개혁정치

2024년 12월 31일 초판 1쇄 펴냄

엮은이 순천향대학교 아산학연구소
펴낸이 김흥국
펴낸곳 보고사

책임편집 이소희
표지디자인 김규범

등록 1990년 12월 13일 제6-0429호
주소 경기도 파주시 회동길 337-15 보고사
전화 031-955-9797(대표)
팩스 02-922-6990
메일 bogosabooks@naver.com
http://www.bogosabooks.co.kr

ISBN 979-11-6587-769-9 93910
ⓒ 순천향대학교 아산학연구소, 2024

정가 18,000원

· 이 책자는 아산시 후원으로 제작되었습니다.